Carsten Goersch

7 PSALMEN

Alte Lieder neu gesungen

Die Deutsche Nationalbibliothek verzeichnet diese Publikation in der Deutschen Nationalbibliografie; detaillierte bibliografische Daten sind im Internet über dnb.dnb.de abrufbar.

© 2024 Carsten Goersch

Lektorat: Sonja Dissertori

Kontakt: settetemi@gmail.com

Verlag: BoD · Books on Demand GmbH, In de Tarpen 42, 22848 Norderstedt, bod@bod.de

Druck: Libri Plureos GmbH, Friedensallee 273, 22763 Hamburg

ISBN: 978-3-7693-5580-2

Coverbild: Canva

Der Flug der Psalmen

Auf den Flügeln der Morgenröte
Über die Meere der Zeit
Unter dem Klang von Harfe und Flöte
Machten Worte sich breit,
die David, Mose und Korah einst schrieben,
von dem Geiste Gottes getrieben.

Sie gaben mir Trost und gaben mir Halt
Sie gaben mir Worte für die Gebete,
die sonst wortlos wären verhallt,
weil es an Worten mir fehlte.
Komm, lass uns zusammen hingehen
und die uralten Worte verstehen.

CG

12.12.2024

INHALT

Vorwort

Sieben Psalmen. Sieben Lieder, wie sie die Alten sangen. David, Asaph, Korah, Mose, um nur einige zu nennen. Sieben Lieder, deren Melodien wir nicht kennen. Deswegen haben wir neue Tonfolgen für sie entworfen. Sie werden in fast allen Glaubensgemeinschaften viel und gerne gesungen. Mit den originalen Intonationen hätten wir wahrscheinlich unsere Schwierigkeiten. Und doch es bleiben Lieder, die aus der Antike in die Moderne hinüber klingen.

Ihre Texte hingegen sind zeitlos und damit zeitgemäß. Die Worte der Sänger lassen uns Einblick nehmen in ihr Innerstes. Vor allem in die Gebete, die Menschen vor Gott brachten. Wir werden so Zeugen ihrer Kämpfe, ihrer Verzweiflung, aber auch ihre überströmende Freude und Triumphe. Nirgendwo dringen wir tiefer in das Denken derer ein, die ihre Angelegenheiten vor allen Dingen mit dem Unsichtbaren ausmachten.

Die sieben Psalmen, die dieses Büchlein behandelt, wurden willkürlich ausgesucht. Sie gehören zu dem Schönsten, was die Poesie des Alten Testamentes zu bieten hat. Denn, bei aller Ehrfurcht vor dem gesamten Wort Gottes, müssen wir doch sagen, dass es schöne und weniger schöne Perlen in der „Schatzkammer Davids", wie Spurgeon die Psalmen einmal nannte, gibt. Die hier ausgewählten sieben haben jedenfalls zur Seele des Autors verstärkt geredet.

Sie erzählen von der rechten Reaktion auf ungerechte Behandlung (Psalm 37), der Treue zu Gott in guten wie in schlechten Zeiten (Psalm 44), der unerschütterlichen Hoffnung, die wir haben (Psalm 46), vor allem der auf den Himmel (Psalm 84), von der Kunst im Glauben alt zu werden (Psalm 71), dem Ende der Bedeutungslosigkeit (Ps. 91) und der Gefahr, Gott zu vergessen (Psalm 103).

Gerade in Zeiten wie diesen erwachen die Aussagen der alten Lieder dann auch wieder zu neuem Leben. Sie sind in gewisser Weise Prototypen der menschlichen Reaktion, wenn wir über den Sinn im Unsinn des Lebens nachdenken. Von jeher hat der Druck des Leides Menschen in das Gespräch mit Gott getrieben. Nicht umsonst werden die Psalmen deshalb auch das „Gebetsbuch" der Christenheit genannt. Sie geben uns die Worte, die uns immer öfter fehlen.

So gesehen, mag man sie mit einer Treppenleiter in den Himmel vergleichen. Wer die Psalmen betend liest, nähert sich Schritt für Schritt dem unsichtbaren Gott. Nicht so sehr in einer nur rationalistischen Denkarbeit, sondern vielmehr auch auf den Wogen authentischer Emotion. Denn die Autoren machten keinen Hehl aus ihrer Verzweiflung und Niedergeschlagenheit auf der einen, und ihrer Freude und Faszination auf der anderen Seite.

In diesem „bipolaren Geschehen" von „himmelhochjauchzend" und „zu Tode betrübt" befinden wir uns also, wenn wir uns fragen, was das Buch der Psalmen heute für uns bedeutet. Das kann manchmal ein wenig stressig sein. Auf jeden Fall ist es gleichermaßen wirklichkeitsnah. Der Leser wird sich in den Liedern der Alten wiederfinden. Manchmal mehr und manchmal weniger. Auf jeden Fall wird er feststellen, dass er nicht allein ist mit seinen Erwartungen und auch Enttäuschungen.

Wir wünschen eine gesegnete Lektüre!

Siegen, im Dezember 2024

Das ist nicht fair!

Psalm 37

Der größte Fußballer aller Zeiten ist für mich persönlich Zinédine Zidane. Gleichzeitig ist er mir aber auch ein warnendes Beispiel. Denn er wurde im Finale der WM von 2006 vom Platz gestellt. Er hatte sich provozieren lassen. Sein Gegner Marco Materazzi wurde ihm dabei zum Verhängnis. An dem rächte sich das Mittelfeldgenie Frankreichs mit einem berühmt – berüchtigten Kopfstoß gegen die Brust. Deswegen musste er in der 109. Minute das Feld verlassen. Damals wurde Italien Weltmeister. Nicht wenige behaupten auch deshalb, weil der Kapitän der „Equipe trikolor" Provokationen nur schlecht ertragen konnte.

Wie reagieren wir auf Unrecht. Dies ist ein heißes Eisen auch für Christen. Wie sollen wir uns verhalten, wenn wir ungerecht behandelt werden? Sollen wir unserem Widersacher ein geschehenes Unrecht in gleicher Münze heimzahlen? Sollten wir den austricksen, der uns gelinkt hat? Wie oft liegen wir in der Nacht wach und käuen Fragen wie diese oder Ähnliche wieder? Wir gleichen dem „Ochs vor dem Berge", der versehentlich giftige Kräuter gefressen hat. Wir verbittern über Gedanken, die uns immer wieder hochkommen, wie eine Tasse schlecht gerösteten Kaffees. Ratlos driften wir in diesen Nächten durch die Wogen unserer Gedanken.

Die Schrift schafft unserer Ratlosigkeit Abhilfe. Zum Beispiel durch den Psalm 37. Der ist ein Lehrpsalm. Dies erhellt aus dem Vers 25 und den vielen wohl gemeinten Ratschlägen, die er enthält. Er stellt ein geistliches Vermächtnis des gealterten Königs David dar. Der Liederdichter hat die Perlen seiner Lebensweisheiten an dem Faden der Buchstaben des hebräischen Alphabets aufgefädelt. Inhaltlich stellt der Psalm ein Juwel des Gottvertrauens in den Verfolgungen des ersten Psalmbuches dar. Wir tun gut daran, diese einzeln durchzubuchstabieren. Es wird Heilung für unsere Seele sein.

Wenn du ungerecht behandelt wirst

Erzürne dich nicht
Wenn du ungerecht behandelt wirst
Vertraue still dem Herrn

Erzürne dich nicht!

„Erzürne dich nicht über die Übeltäter, beneide nicht die,

welche Unrecht tun!"

Ps 37:1

„Erzürne dich nicht!" lautet der väterliche Rat Davids an seine jüngeren Zuhörer. Er wollte nicht, dass sie von dem Sturzbach des Jähzorns fortgerissen werden. Er schien die überwältigende Kraft unkontrollierter Gefühle aus seinem inneren Erleben zu kennen. Gleich zweimal warnt er deshalb in den Versen 1 und 7 vor der zwar menschlichen, aber doch so ungeistlichen Reaktion des Zorns auf erfahrenes Unrecht.

Er selbst war vor seinem eigenen Jähzorn bewahrt worden. Seine spätere Frau Abigail hielt ihn auf, als er seine Hand gegen ihren damaligen Ehemann Nabal erheben wollte (1. Sam. 25:25). Der Unmut des designierten Königs gegen den undankbaren Großgrundbesitzer war verständlich. Dessen Name bedeutete „Tölpel" und dieser war Programm. Aber es war Gott, der ihn, wahrscheinlich durch einen Schlaganfall, richtete. So wurde David vor Blutschuld bewahrt.

Zorn ist nun an sich nichts Schlechtes. Gott selbst zürnt und der hat diese Fähigkeit auch in die Natur seines Schöpfungsabbilds gelegt. Zorn hat die Fähigkeit, Hindernisse schnell und kräftig aus dem Weg zu räumen. Jesus selbst gebrauchte ihn, als er den Tempel von den Verkaufstischen befreite (Joh. 2:15). Gideon, der „Fäller", stieß in dieser Haltung die Götzen in seines Vaters Stadt um (Ri. 6:27), und Mose zermalmte in demselben das „Goldene Kalb" (2. Mo 32:20).

Das Problem am Zorn ist aber, dass er uns die Kontrolle raubt. Irgendwann kontrollieren nicht mehr wir den Zorn, sondern er uns. Dann sprechen die Psychologen gerne von einem Impulskontrollverlust. Die Pferde, die wir zügeln sollten, gehen mit uns durch. Wir geraten emotional in eine Schussfahrt, die wahrscheinlich in einem Crash am nächsten Baumstamm endet. Deshalb warnt uns die Schrift „Zürnet und sündiget nicht" (Eph. 4:26).

"Power is nothing without control!" So lautet der Werbeslogan des Reifenherstellers Pirelli. Das dazu verwendete Bild der Starfotografin Annie Leibowitz aus den 70er-Jahren zeigt den muskulösen Sprinter Carl Lewis in rot lackierten Stöckelschuhen auf der Aschenbahn. Jedem war klar, dass diese ihm nicht genügend Grip verleihen würden, wenn er durchstartete. Ein schönes Bild, wie ich meine, für das Ungestüm ungezügelter Kraft in unserem Charakter.

Rache nun wird kalt serviert. Und zwar von Gott. Deshalb warnt die Schrift: „Rächet nicht euch selbst, Geliebte, sondern gebet Raum dem Zorn; denn es steht geschrieben: Mein ist die Rache; ich will vergelten, spricht der Herr" (Röm 12:19). Unsere Emotionen dürfen uns nicht auf den Richterstuhl Gottes setzen. Dies wäre Anmaßung im Amt. Wir müssen lernen, zu warten, bis Gott sein Werk an unseren Gegnern tut. So wie er es an Nabal tatsächlich nach 10 Tagen tat.

Ich weiß nicht, was dich derzeit bis zur Weißglut reizt. Vielleicht ist es die Beförderung deines tölpelhaften Kollegen. Möglicherweise auch die phlegmatische Einfalt deines Lebenspartners. Oder es sind die lächelnden Leiter deiner Gemeinde, die wieder einmal ein Problem falsch einschätzen – wie du meinst. Was immer es auch sein mag: Erzürne dich nicht! Warte ab, bis Gott sein Werk in dieser Sache tut. Hüte dich vor dem Sturzbach deiner Emotionalität.

Wenn du ungerecht behandelt wirst

Der Gesetzlose sinnt wider den Gerechten, und mit seinen

Zähnen knirscht er wider ihn.

Ps 37:12

Der Gesetzlose sinnt wider den Gerechten. David kannte dies aus eigener Erfahrung. Sieben Jahre musste er die grundlose Verfolgung Sauls erdulden. Dieser war zerknirscht vor Neid, wenn er über den hochbegabten Günstling Gottes nachdachte. Oftmals hatte David ihm Frieden angeboten. Aber der gottlose König Israels wollte ihn tot sehen. Er verfolgte ihn, er machte Lobby gegen ihn und er versuchte, ihn zu töten.

Vielleicht dachte David an ihn, als er von dem „Gesetzlosen" in unserem Psalm schrieb. Tatsächlich galt das Gesetz Gottes für Saul wenig bis gar nichts. Wie denn auch, er hatte ja keine vitale Beziehung zu dem Bundesgott Israels. Er war „gesetz-los". Er war sich selbst Gesetz. Er bestimmte die Regeln des Spiels. Und wenn es nur darin bestand, das Volk mitten im Krieg, unsinnigerweise fasten zu lassen oder auch einfach mal zu opfern, ohne auf den Priester Gottes zu warten.

Für den Gesetzlosen gibt es keine Regeln. Bis heute ist das so. Und wenn es welche gibt, dann bestimmt er dieselben. Das ist das Problem, das wir mit einem haben, der uns auf der Standspur der Autobahn überholt. Das ist das Problem, das wir mit einem Geschäftspartner haben, der sich nicht an die Liefertermine hält. Das macht uns Angst, wenn wir auf der Straße mit einem Messer bedroht werden.

Wenn diese Art Menschen dann noch Erfolg haben, wird es kritisch. Der ehrliche Gutbürger steht den Machenschaften eines gottlosen Geschäftsmanns wehrlos gegenüber. Zudem muss er mitansehen, wie die Mehrheit sich auf die Seite des Gottlosen schlägt. So zu beobachten, als die Hälfte der Amerikaner dem Narrativ Donald Trumps glaubte, dass Kamala Harris, den Wirbelsturm „Milton" am 09. Oktober des Jahres 2024 für ihren politischen Erfolg gebrauchte.

Es treibt uns manchmal in die schiere Verzweiflung: Menschen lügen und betrügen und haben noch Erfolg damit. Wir sind entsetzt, wenn die bundesdeutsche Polizei sich nicht mehr wagt, auf irgendwelche Clans in Berlin zuzugreifen, weil die Polizisten um ihr Leben fürchten müssen. Wir erliegen einem Gefühl der Ohnmacht, weil keiner mehr Macht ausübt. Nicht in der Schule, nicht in der

Familie, nicht in der Gemeinde und nicht in der Gesellschaft. Wir werden zunehmend Opfer unregulierter Prozesse.

Und doch hat das Leben seine eigenen Dynamiken. Und auch übt Gott in einer Welt voll Ungerechtigkeit noch Recht. „Ogni nodo viene al pettine", sagt das italienische Sprichwort. Zu gut Deutsch: „Jeder Knoten kommt zum Kamm". Gott nimmt sich derer an, die uns das Leben schwer machen. Die Hand drauf! Weil Gottes Wort es sagt. Zum Beispiel im Vers 34 unseres Psalms: „Wenn die Gesetzlosen ausgerottet werden, wirst du zusehen" (Ps 37:34). Wer Geduld hat, wird auch das Ende derer sehen, die ihm das Leben schwer machen.

Es ist also nichts Besonderes, wenn du ungerecht behandelt wirst. Jeder Mensch hat einen Menschen, der ihn schleift. Wir sollten Gott für diesen danken. „Schleifstein meiner Heiligkeit, gelobt seist du in Ewigkeit", dürfen wir über diesem selig seufzen. Gott wird mit diesem fertig, wenn er mit unserer Heiligung fertig ist. Wir sollten uns nicht an einem solchen Menschen vergreifen. Wir sollten vielmehr auf Gott warten. Denn der wird auch mit denen fertig, die dich ungerecht behandeln.

Vertraue still dem Herrn!

Vertraue still dem Herrn und harre auf ihn!

Ps 37:7

Wie soll ich mich aber nun verhalten, wenn ich ungerecht behandelt werde? David gibt letztendlich sieben Antworten auf diese Frage. Wir finden sie in den Versen 3 – 7 des Psalms. Wir wollen sie in Kürze durchdenken. Sprachlich werden sie durch 7 Imperative markiert. So, als ob uns der alte König ins Gewissen reden wollte.

Der erste Rat lautet: „Vertraue (still) auf den Herrn!" (3 und 7). Unsere Antwort auf Gottlosigkeit heißt Gottvertrauen. Derjenige, der den Baum des Unrechts wachsen ließ, weiß ihn auch zurechtzustutzen. Gott im Himmel ist größer als der größte Übeltäter auf Erden. Er ließ Nebukadnezar zwar Jerusalem zerstören, aber er ließ ihn auch in den Wahnsinn verfallen. Wir dürfen darauf vertrauen, dass Gott in die Geschichte, auch in die unseres Lebens, aktiv eingreift.

Der zweite Rat lautet: „Tue Gutes" (3). Eine gute Tat wiegt schwerer als eine Menge böser Worte. "Wenn nun deinen Feind hungert, so speise ihn; wenn ihn dürstet, so tränke ihn; denn wenn du dieses tust, wirst du feurige Kohlen auf sein Haupt sammeln", ermuntert uns Röm. 12:20. Eine gute Tat ist ein unwiderlegbares Argument. Sie spricht für sich. Wir sollten deshalb wenig reden und viel Gutes tun, wenn wir ungerecht behandelt werden.

Der dritte Rat lautet: „Wohne im Lande" (3). Tja, das tun wir ja alle irgendwie. Gemeint ist hier, dass wir nicht fliehen sollen. Wir sollten auf dem Posten bleiben, an den uns Gott gestellt hat. Wenn es schwierig wird, räumen wir gerne das Feld. Dies ist zum einen bequem und zum anderen verständlich. Aber wenn der Klügere immer nachgibt, dann gewinnt der Dümmere die Oberhand. Deswegen bleib an deinem Platz! Beständigkeit ist eine Tugend, die aus dem Glauben wächst.

Der vierte Rat lautet: „Weide dich an Treue" (3). Wir sollten uns an der Treue Gottes weiden, wenn Menschen uns offensichtlich untreu werden. Deshalb achte auf das Werk des Herrn in deinem Leben. „Wenn ich merk auf Gottes Güte, / die er jeden Tag mir zeigt, / so erhebt sich mein Gemüte, / wie die Last es auch gebeugt", reimte deshalb der deutsche Übersetzer Ambrosius Lobwasser (1515 – 1585).

Der fünfte Rat lautet: „Ergötze dich am Herrn" (4). „Jesu, meine Freude, meines Herzens Weide, Jesu, meine Zier.

Ach, wie lang, ach lange ist dem Herzen bange, und verlangt nach dir!", dichtete deshalb Johann Frank (1618-1677). Er gab damit dem Ausdruck, was wir „Gottseligkeit" nennen. Diese bezeichnet die Fähigkeit des Geistes, auch in größten Widrigkeiten seine Freude in Gott zu schöpfen.

Der sechste Rat lautet: „Befiehl dem Herren deinen Weg" (5). „Befiehl du deine Wege / und was dein Herze kränkt / der allertreusten Pflege / des, der den Himmel lenkt. / Der Wolken, Luft und Winden / gibt Wege, Lauf und Bahn / der wird auch Wege finden, / da dein Fuß gehen kann", ermuntert uns Paul Gerhardt in dem gleichnamigen Lied. Wer Gott sein Leben überlässt, der wird gelassen. Wer auf Gott die Last abwälzt, die ihm auferlegt, der wird weit kommen.

Der siebte Rat lautet: „Warte auf den Herrn" (7). Aber das Warten ist diejenige Lektion, die wir am schwersten lernen. Es ist jedoch die Art des Unsichtbaren seine Anwesenheit durch seine Abwesenheit kostbar zu machen. Auch er lässt seine Kinder manchmal warten. Aber noch nie hat er etwas in seinem Regiment versäumt. Er kommt spät, aber nicht zu spät. Deswegen: Vertraue auf ihn, wenn du ungerecht behandelt wirst, und hüte dich vor deinem Zorn, Zidane.

In guten wie in schlechten Zeiten

Psalm 44

Die alles entscheidende Frage des Pfarrers am Traualtar kennt jeder, auch wenn er nicht regelmäßig zur Kirche geht: „Wollt Ihr als Eheleute einander lieben und ehren und die Ehe nach Gottes Gebot und Verheißung führen, in guten und in bösen Tagen, bis der Tod Euch scheidet, so antwortet: Ja, mit Gottes Hilfe." Auch wenn mittlerweile jede dritte Ehe, die so geschlossen, nach spätestens 4 Jahren wieder geschieden wird, hat dieses Versprechen nichts von seiner Faszination verloren.

Auch unser Bund mit Gott kennt „gute und böse Tage". Jeder, der länger mit dem Herrn geht, weiß das. Der Weg der Nachfolge ist nicht immer nur eine sonnige Prachtstraße, sondern auch schon mal ein verregneter steiniger Pfad. Die Euphorie des Anfangs, den wir mit Gott machen, weicht recht schnell der Niedergeschlagenheit über Enttäuschungen, die wir auch an Gottes Hand erleben. Wenn wir den Sinn dieser „Wechselbäder der Gefühle" nicht kennen, neigen wir leicht dazu, alles hinzuwerfen.

Hier hilft uns der Psalm 44, der zu Beginn des zweiten Psalmbuches für uns aufbewahrt ist. Dieser Maskil, wie ein Lehrpsalm im hebräischen genannt wird, beschreibt die Siege und Niederlagen der Gläubigen. Die Söhne Korahs, Sänger im Tempel der Juden, schrieben ihn möglicherweise unter dem Eindruck der Verwüstung Jerusalems und dem nachfolgenden Babylonischen Exil. Der Psalm zerfällt in 3 Teile. Im *ersten* Teil spricht er über die guten Zeiten im Glaubensleben (Verse 1-8). In dem *zweiten* Teil schildert er die bösen Zeiten (Verse 9-16) und im *dritten* Teil redet er von der Treue der Israeliten zu Gott (Verse 17 – 26).

Die Treue zu Gott in schweren Zeiten

Die guten Zeiten mit Gott
Die schlechten Zeiten mit Gott
Die Treue zu Gott

Die guten Zeiten mit Gott

Denn nicht durch ihr Schwert haben sie das Land in Besitz
genommen, und nicht ihr Arm hat sie gerettet; sondern deine
Rechte und dein Arm und das Licht deines Angesichts, weil du
Wohlgefallen an ihnen hattest.

Ps 44:3

Gott schenkt gute Zeiten. Davon geben die Heiligen Schriften Zeugnis. Aber auch unsere Erfahrungswelt kennt diejenigen Phasen des Lebens, wo Gott es uns gelingen lässt. Der HERR Jesus erlebte die Zeiten der Popularität während der ersten Phase seines öffentlichen Dienstes. Gute Zeiten gehören zum Programm Gottes. Sie flößen uns ein tiefes Vertrauen in die Güte Gottes ein.

Gott schenkt Siege. Der Psalmist weiß das. Er berichtet in den Versen 1-8 davon. Er hatte davon gehört und er wollte es jetzt auch erfahren. Er spricht von den Rettungen Gottes (4), vom Niederstoßen der Bedränger (5), vom Vertrauen in Gott (6) und davon, dass er sich Gottes rühmen würde (8). Der Eingang dieses Psalms ist geradezu eine Siegeshymne des Glaubens.

Es gibt Zeiten, da laufen die Dinge gut für uns. Wir überwinden Sünde in der Kraft Gottes. Wir legen schlechte Gewohnheiten ab. Wir führen Menschen zum Herrn. Die Menschen suchen uns. Die Beziehung zu unserem Partner könnte besser nicht sein. Unsere Kinder wachsen und gedeihen. Der Beruf macht Freude. Die Gesundheit spielt mit. Wir gehen von Kraft zu Kraft. Wir surfen auf dem „Kamm der Welle der Gnade".

Gott, der Sohn, kannte die guten Zeiten des Glaubens. Die ersten anderthalb Jahre seines öffentlichen Dienstes waren von Erfolg gekrönt. Zu Tausenden kamen die Menschen, um ihn zu hören. Sie waren außer sich, als sie seine Wunder sahen. Sie bescheinigten ihm, dass seine Art zu predigen von Vollmacht geprägt war. Egal, wo er auftauchte, war er eine gefragte Person, die man gerne einlud.

Die guten Zeiten gehören zum Programm Gottes. Meist erleben wir sie am Anfang unseres Glaubensweges. So, als ob Gott uns Vertrauen einflößen möchte. Wir saugen die Güte Gottes mit der Muttermilch der „Neugeborenen in Christus" auf. Das Wort Gottes redet zu uns. Die Wunder der Schöpfung berauschen unsere Sinne. Wir möchten es allen sagen: Kein Ding ist unmöglich bei Gott!

Die guten Zeiten gleichen denen eines Ehepaares unmittelbar nach der Hochzeit. Er und sie schmieden gemeinsam Pläne. Sie bauen ein Haus und setzen Kinder in die Welt. Die Kräfte sind überschüssig. Der Pionier – Geist ist unbändig. Die Welt der frisch Vermählten platzt aus allen Nähten. Das ist die Zeit der Missionare und Evangelisten, die ohne „Wenn und Aber" nach Übersee gehen, um unerreichte Seelen zu finden.

Gott schenkt also gute Zeiten in unserem Leben. Meist am Anfang des Weges mit ihm. Dies schafft ein nahezu unerschütterliches Vertrauen in ihn. So, wie ein Neugeborenes an seiner Mutter Brüste Vertrauen lernt (Ps. 22:9). Die guten Zeiten gleichen den „Hochzeiten" unseres Lebens. Sie sind die Initialzündung eines gelingen Lebens mit Gott. Aber es bleibt nicht immer so…

Die schlechten Zeiten mit Gott

Doch du hast uns verworfen und zu Schanden gemacht, und

zogest nicht aus mit unseren Heeren.

Ps 44:9

Gott lässt schlechte Zeiten in unserem Leben zu. Auch diese kennt und lehrt die Heilige Schrift. Jeder Gläubige wird dies wohl so bestätigen. Es gibt Zeiten, wo der HERR uns „unten durch" gehen lässt. Er selbst musste ja während seines Erdenlebens Verrat und Ablehnung erfahren. Die schlechten Zeiten gehören also genauso zur Nachfolge, wie die guten. Auch das Glaubensleben ist, wie das ganz normale, kein „Wunschkonzert".

Gott lässt Niederlagen zu. Auch hiervon weiß der Psalmist ein Lied zu singen. Gott zog nicht mehr mit seinem Volk aus (9). Er selbst verkaufte sein Volk billig an dessen Widersacher (12). Schmach und Schande bedeckte die Soldaten des Gottesvolkes (15). Die Gegner schüttelten den Kopf über den Unverstand Israels (14). Die Verse 9 – 16 stellen in gewisser Hinsicht ein Klagelied Israels über ein Leben in der Niederlage dar.

Es gibt Zeiten, da laufen die Dinge schlecht für uns. Wir fallen immer wieder in die gleiche Sünde. Wir gewöhnen uns Dinge an, die uns schädigen. Unser Zeugnis erliegt. Die Menschen meiden uns. Die Beziehung zu unserem Partner leidet. Unsere Kinder machen Probleme. Der Beruf macht keinen Spaß mehr. Die Gesundheit schwächelt. Wir laufen den Hindernislauf des Lebens und werden müde.

Gott, der Sohn, kannte die schlechten Zeiten des Glaubens. Die zweiten anderthalb Jahre seines öffentlichen Dienstes waren von zunehmender Ablehnung geprägt. Viele seiner Nachfolger wandten sich von ihm ab. Der Hohe Rat widerstand ihm zunehmend. Seine Familie wollte ihn in die Psychiatrie bringen. Aus dem „Hosianna!" wurde allmählich ein „Kreuzige!" Am Kreuz starb er dann auch, von Gott und Mensch verlassen.

Die schlechten Zeiten gehören zum Programm Gottes. Meist erleben wir sie am Ende unseres Glaubensweges. So, als ob Gott uns Demut lehren möchte. Das Wort Gottes *erarbeiten* wir mehr, als dass wir es *erleben*. Die Schöpfung betrachten wir mehr von der Seite ihrer Vergänglichkeit! Die Traurigkeiten des Lebens machen uns „realistischer". Und manchmal hoffen wir auch, dass es bald vorbei ist.

Die schlechten Zeiten gleichen den Zeiten eines Ehepaares in der Rente. Er und sie haben sich aneinander gewöhnt. Beide mussten so manchen Traum im Laufe der Ehe begraben. Man geht nicht mehr so gerne unter Leute. Die Welt wirkt eher bedrohlich. Man folgt dem Herrn nur noch bedingt. Man hat es sich auf dem Sofa bequem gemacht. Der Weg in die Gebetsstunde ist weit und der zum Nachbarn noch weiter.

Gott schenkt also nicht nur die guten Zeiten, sondern er lässt auch die schlechten in unserem Leben zu. Nachdem er uns am Anfang unseres Weges mit ihm Vertrauen gelehrt hat, erprobt er dieses gegen Ende desselben. Auch diese Zeiten sind Teil seines Programms der Heiligung. Wider Erwarten lassen sie unsere Treue in Gott jedoch eher noch wachsen, und vermögen nicht sie zu zerstören.

Die Treue zu Gott

Dieses alles ist über uns gekommen, und wir haben deiner nicht vergessen, noch betrüglich gehandelt wider deinen Bund.

Ps 44:17

Gott schenkt also gute wie schlechte Zeiten. Er lässt uns mit Paulus lernen „hoch, wie auch tief" (Phil. 4:12) zu sein. Und wir fragen uns vielleicht, was er denn mit dieser „Achterbahnfahrt" der Gefühle in unserem Leben bezwecken will? Zuerst lässt er uns Vertrauen in seiner *Gegenwart* lernen, dann aber erprobt er es durch seine *Abwesenheit*. Und genau so formt er die schöne Tugend ergebener Treue zu ihm.

In den Versen 17 – 26 ihrer „Belehrung" (Maskil) schildern die Söhne Korahs nun ihre Treue zu Gott. Sie hatten Gott nicht vergessen und nicht verleugnet (17). Sie blieben bei seinen Vorschriften (18). Sie weigerten sich, anderen Göttern zu dienen (20). Sie wussten, dass der Herzenskenner (21) mögliche Untreue sofort bemerkt hätte. Selbst der Tod konnte sie nicht davon abhalten, Gott weiterhin zu dienen (22).

Seltsamerweise verlassen Gläubige auch in den schlechten Zeiten ihres Lebens den Herrn nicht. Das Ausharren der Heiligen scheint in Krisen nur noch stärker zu werden. Anstatt dem Glauben abzuschwören, halten sie Gott die Treue. Sie suchen Ihn vermehrt. Sie ergreifen die Flucht in Gottes Arme. Sie halten ihm seine Verheißungen vor. Es scheint, als ob die Stürme des Lebens ihre Wurzeln in Gott nur noch kräftiger werden lassen.

Je länger der Sohn Gottes litt, desto deutlicher kam seine Treue zu Gott zum Vorschein. Er stellte sein Angesicht fest, um nach Jerusalem zu gehen (Luk. 9:51). Im Garten Gethsemane ordnete er seine Wünsche bedingungslos denen seines Vaters unter. Er widerstand gelassen den Einschüchterungsversuchen eines Pontius Pilatus. Er beendete sein Mandat auf Erden mit den triumphalen Worten: „Es ist vollbracht". Er war treu bis in den Tod.

In den Wechselbädern des Lebens erprobt Gott unsere Treue. Er will sehen, ob wir bei dem bleiben, was wir gelernt haben. Er will sehen, ob wir auch dann noch auf sein Wort trauen, wenn wir oft enttäuscht wurden. Er will, dass wir ihn im Gebet wecken, wenn er sich „nicht blicken lässt". Unsere Beziehung zu ihm wird stärker, auch wenn wir ihn so gar nicht fühlen.

Ein alterndes Ehepaar macht manche Kämpfe durch. Aber es erfährt auch ein Wunder, das Gott in den Bund der Treue gelegt hat. Die Partner werden einander nämlich immer ähnlicher. „Und sie werden ein Fleisch sein" (1.Mo 2:24), hatte Gott bei der Erschaffung Evas gesagt. „Wer aber dem Herrn anhängt, ist ein Geist mit ihm" (1.Kor 6:17), ergänzt Paulus. Und das ist wohl das Ziel der Heiligung: Jesus ähnlicher zu werden.

So schenkt Gott also gute Zeiten wie schlechte Zeiten, um unsere Treue zu ihm zu erproben und verstärken. Die guten Zeiten mit Gott sollten wir schlichtweg genießen. Die schlechten Zeiten mit ihm, sollten wir einfach erdulden. In beiden Phasen unseres Lebens und Dienstes dürfen wir uns jedoch gewiss sein, dass Gott in diesen wie in jenen die kostbare Perle der Treue in unserem Charakter formen möchte.

Die Hoffnung stirbt zuletzt

Psalm 46

„Die Hoffnung stirbt zuletzt." Legere Redensart der heutigen Zeit. Aber wenn sie stirbt, ist „Schicht im Schacht". „Denn der Mensch heißt Mensch / Weil er irrt und weil er kämpft / Und weil er *hofft* und liebt / Weil er mitfühlt und vergibt" („Mensch", Herbert Grönemeyer). Wenn es also etwas gibt, was den Menschen leben lässt, dann ist es Hoffnung. Aber wie sollen wir denn hoffen, wenn alles um uns herum so hoffnungslos aussieht?

Als die Weltkriege die Kontinente erschütterten, wurden Psalmen gesungen, wenn die Rekruten ihre Heimatorte verließen. Die Mütter steckten den jungen Söhnen noch schnell eine Bibel in den Feldrucksack. Diese sollte ihnen Trost in der Trostlosigkeit der Kälte, des Gefängnisses und der möglichen Todesstunde sein. Das Gebetsbuch der Christenheit, die Bücher der Psalmen enthielten dabei nicht selten Lesemarken, an *den* Stellen, wo man besonders gut Hoffnung schöpfen konnte.

Neben dem Psalm 23 galt schon immer der Psalm 46 als eine Quelle nationaler und persönlicher Hoffnung in dunkler Stunde. Es handelt sich um ein Lied, das von den Söhnen Korahs im alten Israel mit einer fistelnd hohen Stimme („Alamoth") gesungen wurde. Es ist uns im 2. Buch der Psalmen aufbewahrt. Landläufig glaubt man, dass dieser Psalm unter der (letztendlich erfolglosen) Belagerung Jerusalems durch den assyrischen König Sanherib im Jahr 722 v. Chr. entstand.

Die Hoffnung der Gläubigen

Die Herausforderung der Hoffnung

Das Geheimnis der Hoffnung

Die Berechtigung der Hoffnung

Die Herausforderung unserer Hoffnung

Darum werden wir uns nicht fürchten, wenngleich gewan-
delt würde die Erde, und wenn die Berge wankten im Herzen des
Meeres.

Ps 46:2

Der Psalm beginnt mit einem Bekenntnis zu Gott. Die ersten 4 Verse rühmen die Belastbarkeit des Glaubens in schweren Zeiten. Sie gehen hypothetisch sogar so weit, dass nicht nur die *politischen*, sondern auch die *geografischen* Ordnungen der Natur aufgelöst werden könnten. Sie zeichnen ein mögliches „Worst-Case-Szenario", das aber gemeistert werden kann und muss durch den unerschütterlichen Glauben an den unwandelbaren Gott.

Die Ausleger nehmen an, dass dieser Psalm geschrieben wurde, nachdem König der Assyrer, Sanherib, die Heilige Stadt im Jahr 722 v. Chr. hatte belagern lassen. Dieses nationale Trauma und die damit verbundene Gotteserfahrung waren für den Glauben der Israeliten so prägend, dass das Ereignis gleich dreimal im AT erzählt wird. (2. Kö. 18-19, 2. Chr. 32 und Jes. 36). Niemals hatte die Nation Israel die Rettung durch Gott so stark erfahren, wie damals.

Unsere Hoffnung wird in der heutigen Zeit zunehmend mehr herausgefordert. Wir Deutschen, beispielsweise, leben in einer nunmehr 4-jährigen „Challenge", in der der HERR unseren Glauben gleichermaßen *herausfordert* wie auch *formt*. Zuerst kam Corona, dann kam der Krieg und nach ihm die Teuerung. Infolgedessen haben wir es mit Entlassungen, Geldsorgen und politischer Instabilität zu tun.

Die Angst frisst derzeit die Volksseele auf. Die Regale in Supermärkten sind seit Kriegsende zum ersten Mal wieder leer. Man spricht offen von der Möglichkeit einer atomaren Auseinandersetzung und macht für diese schnell 200 Mrd. Euro locker. Die Server unserer Stadtverwaltungen werden gehackt. Das Wort von der „hybriden Kriegsführung" macht die Runde. Und irgendwo im Wald bei Freudenberg stechen zwei Mädchen auf ein drittes mit einer Nagelfeile ein.

Zudem ist da der Wandel. Und der hat es in sich. Denn gerade für Menschen mit „Hasenherzen" ist jede Veränderung immer bedrohlich. Aber auch für die „Löwenherzen" wird der Wildwuchs des Wandels in seinen Konsequenzen zunehmend ein Horrorszenario. Egal, ob wir über den Klimawandel, den demografischen Wandel oder den

Geschlechterwandel sprechen. Alles, was uns bisher Sicherheiten gab, wird vor unseren Augen aufgelöst.

Doch wie hatte es Sir Francis Lyte, der schottische Pastor, in der alten Glaubenshymne „Abide with me" kurz vor seinem Tod gedichtet? „Change and decay in all around I see, oh Thou, who changest not, abide with me." Zu gut Deutsch: „Umringt von Fall und Wandel leben wir. Unwandelbar bist du: Herr, bleib bei mir!" Der tuberkulosekranke Pastor schaute *weg* von seiner verfallenden Lunge *hin* auf die unverwesliche Herrlichkeit Gottes, als er dieses Lied schrieb.

Mehr denn je werden wir als Christen herausgefordert. Gott will sehen, wie es um unseren Glauben steht. Ja, noch mehr, Gott will unseren Glauben formen. Das tut er, indem er Wellen der Veränderung an unser Lebensboot schlagen lässt. Vielleicht fordert er uns sogar auf, dessen vermeintliche Sicherheit zu verlassen. So wie bei Petrus. Aber er tut dies nicht, um uns zu ängstigen, sondern vielmehr, um uns zu mutigen Bekennern seiner Stärke zu machen.

Das Geheimnis unserer Hoffnung

Gott ist in ihrer (der Stadt Jerusalems) Mitte, sie wird nicht

wanken; Gott wird ihr helfen beim Anbruch des Morgens.

Ps 46:5

In den Versen 1-3 hatte der Psalmist die *äußeren* Anfeindungen, die Jerusalem während der Belagerung aushalten musste, beschrieben. In den Versen 4 – 7 nun ist die *innere* Ruhe der Stadt das Thema des Dichters. Er spricht von einem Wasserstrom, der die Stadt erfreut (4). Er versichert uns die Gegenwart und die Hilfe Gottes in der Bedrängnis (6). Die Zuversicht, dass die Völker an dem Arm der Macht Gottes scheitern müssen, wächst von Vers zu Vers.

In der geschichtlichen Realität war es so, dass Sanherib, der Assyrerkönig, unverrichteter Dinge wieder nach Ninive abziehen musste. In der Nacht zuvor hatte ein Engel des Herrn 185.000 seiner Soldaten getötet. Wir lesen davon in 2. Kö. 19:35 ff. Der Widerstand, den der damalige König Israels Hiskia im Verbund mit dem Eintreten des Propheten Jesajas vor Gott geleistet hatte, wurde durch das Eingreifen Gottes selbst belohnt und bestätigt.

Das Geheimnis unserer Hoffnung in Zeiten der Bedrängnis liegt in unserer stillen Verbundenheit mit dem unsichtbaren Gott. Wenn der für uns ist, wer mag dann gegen uns sein, möchten wir mit Paulus fragen? Solange Gott die Mitte unseres Lebens ist, kann uns nichts aus dem Gleichgewicht bringen. Er ist der ruhende Pol unseres Lebens. Er ist der Verteidiger unserer Sicherheit. Er ist der Grund unserer Hoffnung in hoffnungslosen Zeiten.

So redend werde ich an die Trinktassen der Kinder erinnert. Diese haben auf ihrem tiefsten Punkt eine runde Metall- einlage, die verhindert, dass der Becher umkippt oder ausläuft. Diese Einlage sieht man zwar von außen nicht, aber im Verborgenen verleiht sie eine enorme Stabilität. Das Gefäß mag „gestupst und geschubst" werden, es wird aber keinesfalls auslaufen. Es mag etliche Male wanken, aber es wird sich immer wieder aufrichten. Es ist resilient.

Der Apostel Paulus spricht in 1. Tim. 3:9 einmal von dem „Geheimnis des Glaubens", Dieses gilt es, um jeden Preis zu bewahren. Es besteht darin, dass die Heiligen in ihrem Geist mit dem Geist Gottes verbunden sind. Solange diese Verbindung intakt ist, sind sie unbesiegbar. Rein äußerlich sind diese Menschen oftmals schlechter dran als andere.

Aber innerlich verfügen sie über eine Versorgung, die kein Außenstehender auch nur zu erahnen vermag.

Gott hilft ihnen aber nicht nur *innerlich,* sondern auch *äußerlich* aus. Er fügt die Dinge so, dass sie gut sind für seine Kinder. Er ändert Dienstpläne. Er bewahrt Flugzeuge. Er schenkt Begegnungen. Er kümmert sich um unsere Gegner am Arbeitsplatz. Auf einmal wird da jemand versetzt. Auf einmal gehen einem Kläger die finanziellen Mittel aus. Manchmal nimmt der HERR sogar ein „Hindernis" aus dem Leben. Alles das und noch vielmehr tut er tagein tagaus.

„Ich komm, weiß nicht woher, / Ich bin und weiß nicht wer, / Ich leb, weiß nicht wie lang, / Ich sterb und weiß nicht wann, / Ich fahr, weiß nicht wohin: / Mich wundert, dass ich so fröhlich bin", mag man da mit Martinus von Biberach, dem mittelalterlichen Mönch sagen. Oder aber mit Martin Luther: „Ein feste Burg ist unser Gott, ein starke Wehr und Waffen / ER hilft uns frei aus aller Not, die uns jetzt hat betroffen" So oder so, wir haben Grund zur Hoffnung.

Die Berechtigung unserer Hoffnung

Der HERR der Heerscharen ist mit uns, eine hohe Feste ist

uns der Gott Jakobs.

Ps 46:11

In den Versen 8 – 11 nun rechtfertigt der Psalmist die zuvor beschriebene Hoffnung der Gläubigen. Gott ist derjenige, der Geschichte schreibt. Er lässt es zu, dass Menschen Krieg führen. Er ist es aber auch, der Frieden schafft. Er ist es, der das Drehbuch einer dramatischen Zuspitzung der Politik verfasst hat. Er ist es zudem auch, der denen Schutz gewährt, die sich in den diesen Wirren zu ihm flüchten. Sein Volk darf sagen: Gott ist mit uns (11).

Gott ist mit uns! Der Prophet Jesaja tröstete sein Volk mit dieser Wahrheit. Als die Assyrer Jerusalem belagerten, weissagte er dem König Ahas: "Die Jungfrau wird schwanger werden und einen Sohn gebären, und wird seinen Namen Immanuel (Gott mit uns) heißen" (Jes 7:14). In Christus nun ist diese Prophezeiung Wahrheit geworden (siehe Mt. 1:22). Wer also an Jesus glaubt, darf wissen, dass dieser bald kommt und den Dingen ein gutes Ende schaffen wird.

Natürlich waren wir schockiert, als Russland die Ukraine überfiel. Aber es war der souveräne Gott im Himmel, der diesen neuerlichen Krieg auf europäischem Territorium nach 70 Jahren Frieden erlaubte. Und es wird derselbe Gott sein, der diesem Krieg auch sein Ende setzen wird. Wie er das tut, ist Sache der Politik, dass er es aber tut, ist eine Gewissheit des Glaubens. Denn er beschwichtigt Kriege und zerbricht die Speere. So jedenfalls lehrt es die Schrift. (V.9 und 11)

Unser Kampf ist nun aber nicht gegen militärische Gegner zu Land oder zu See. Unser Kampf ist der gegen die Mächte der Finsternis. Diese belagern uns bedrohlich und beharrlich. Wer kennt sie nicht, die Gedanken über die eigene Erbärmlichkeit? Wer hat sie nicht, die Zweifel, wie lange wir uns denn noch zum HERRN halten möchten? Wen befallen sie nicht, die Ängste vor der Zukunft und der damit verbundenen Versorgungssicherheit?

In diesen Belagerungszustand unseres Geistes hinein spricht der Psalm 46 nun gleich zweimal das rettende Wort: „Der HERR der Heerscharen ist mit uns, eine hohe Feste ist uns der Gott Jakobs" (Ps 46:7 und11). So gesehen gibt es im Wandel dieser Zeit keine andere Antwort als diese: Gott mit uns! Wer es glaubt, wird selig. Wer es nicht glaubt, wird wahnsinnig. Zurecht. Die Antwort auf die Herausforderungen unserer Zeit ist eine Person, nicht etwa ein Konzept.

Wenn Gott „Ja!" zu Dir gesagt hat, dann können Menschen ruhig „Nein!" zu dir sagen. Wenn Gott mit Dir ist, dann können Menschen ruhig gegen dich sein. Wenn du Gott dein Leben anvertraut hast, dann kannst du sicher sein, dass er es auch durchbringt. „Wenn Gott für uns, wer gegen uns? Er, der doch seines eigenen Sohnes nicht geschont, sondern ihn für uns alle hingegeben hat: Wie wird er uns mit ihm nicht auch alles schenken" (Röm 8:31-32)?

Der Mensch ist also auf Hoffnung angelegt. Die Schrift gibt sie uns! Wir haben berechtigten Grund zur Hoffnung, weil es bei Gott keine hoffnungslosen Fälle gibt. Wir leben diese Hoffnung in einem Geheimnis des Glaubens, das nur der kennt, der sich darauf einlässt. Wir halten diese Hoffnung aufrecht, auch wenn sie gerade heute immer mehr herausgefordert wird. Denn der Mensch heißt Mensch, weil er hofft und weil er liebt.

Auf dem Weg zum Himmel

Psalm 84

Es ist ein gewaltiger Ausblick, den man vom Rittner Horn (2260 m) aus genießt. Im Osten die Dolomiten, im Westen die Ötztaler Alpen im Süden der Ortler mit seinen knapp 4000 Metern Höhe. Der Weg zu diesem Aussichtspunkt ist, wie fast immer, lang und beschwerlich, wenn man nicht gerade die Seilbahn nimmt. Man muss schon ein wenig Proviant mitnehmen, wenn man von der Stadt Bozen aus zum Gipfel aufsteigt. Und manchmal muss man auch innehalten, um neue Kraft zu schöpfen. Aber der Berg ruft und seine Macht zieht.

Wir sind Wanderer auf dem Weg zum Himmel. Der Weg dort hin ist lang und nicht selten auch beschwerlich. Manchmal kommen uns auch Zweifel, ob es richtig war, ihn einzuschlagen. Aber unterwegs schenkt der Herr immer wieder neue Kraft. Vor allem dann, wenn wir innehalten und beten. Wir spüren, dass eine tiefe Sehnsucht uns treibt, ihn weiterzugehen. Wir wissen, dass es am Ende Herrlichkeit sein wird, die wir sehen werden. Und die wird uns für manche Strapaze entlohnen.

Von dieser Sehnsucht spricht der Psalm 84. Wir finden ihn im 2. Buch der Liedersammlung. Er ist der vorletzte von 12 Korah-Psalmen. Er wurde als Lied gesungen und auf einem altertümlichen Saiteninstrument, der Gittith begleitet. Er zerfällt in 3 Einheiten, die jeweils von einem „Sela", also einem Aufruf zum besinnlichen Nachdenken, beendet werden. Atmosphärisch gesehen ist er ein Kleinod an stiller, abgeschiedener Freude vor Gott.

Auf dem Weg zum Himmel

Die Sehnsucht nach Gott

Das Geheimnis unserer Kraft

Der Vorzug des Glaubens

Die Sehnsucht nach Gott

Es sehnt sich, ja, es schmachtet meine Seele nach den Vorhö-

fen des HERRN.

Ps 84:2

Der Psalm beginnt mit einem Ausruf des Entzückens über die Schönheit des Tempels. Der Psalmist erklärt in Folge seine Sehnsucht nach dem zentralen Heiligtum der Juden im AT. Für die Söhne Korahs war der Tempel tatsächlich eine Art zu Hause, denn sie dienten als Priester dort. Was dem Spatzen sein Nest war, war dem Priester der Tempel. Ein Ort der Geborgenheit, wo dem Gott Israels beständig Opfer des Lobes dargebracht wurden. Davon handeln die Verse 1-4

Was dem Alttestamentler der Tempel, ist dem Neutestamentler der Himmel. Ein Ort vollendeter Schönheit, der von Gott bewohnt wird. Wenn wir die Augen zum Himmel erheben, ahnen wir, dass die blaue Ausdehnung über uns, die Fundamente des großen Hauses Gottes darstellen. Und wenn wir in einer klaren Winternacht die Sterne über uns funkeln sehen, dann wissen wir, dass Licht im Hause des Vaters brennt. Und dieses Szenario weckt Sehnsucht in uns.

Diese Sehnsucht beschreibt ein Gedicht Goethes in lyrischer Schönheit: „Nur wer die Sehnsucht kennt, / Weiß, was ich leide! / Allein und abgetrennt / Von aller Freude, / Seh´ ich ans Firmament / Nach jener Seite. / Ach! der mich liebt und kennt, / Ist in der Weite. / Es schwindelt mir, es brennt / Mein Eingeweide. / Nur wer die Sehnsucht kennt, / Weiß, was ich leide!" (Johann Wolfgang von Goethe, 1749 – 1832, 83 Jahre)

In dem Lied „Unsre Heimat" beschreibt die Musikerin Corina Schweizer die Himmelssehnsucht mit schönen Worten: „Wir sind nicht Bürger dieser Erde, unsre Heimat ist nicht hier. Wie Nomaden ziehen wir weiter, unsre Heimat ist bei Dir. Bei Dir im Himmel, bei Dir, o Herr! Und ist der Weg auch manchmal schwer, gibst Du uns Kraft weiterzugehen, bis wir Dich dort im Himmel sehn. Unsre Heimat liegt im Himmel, unsre Heimat ist bei Dir!"

Dieser Himmel ist unser zu Hause. So, wie das Nest im Strauch für den Spatzen zu Hause ist. So, wie das Nest der Schwalbe unter der Dachgaube zu Hause ist. So, wie uns unser Eigenheim Zuhause ist. Der Geist des Menschen braucht ein Zuhause, wo er zur Ruhe kommt. Einen Platz letztgültiger Bestimmung. Einen Platz tiefer Gemeinschaft mit einem höheren Wesen. Es ist der „Krone der

Schöpfung" zu wenig, irgendwo zwischen Steinen und Mörtel zu leben und zu sterben.

Der Kirchenvater Augustinus von Hippo, der von 354 bis 430 nach Christus lebte und also 76 Jahre alt wurde, beschrieb die Sehnsucht des Menschen nach Gott mit den folgenden, bekannten Worten "Groß bist du, o Herr, und hoch zu loben. Und loben will dich der Mensch, der seine Sterblichkeit umherträgt, das Zeugnis seiner Sünde. Nun, du bist es selbst, der ihn lockt, dass er freudig dich lobe. Denn zu Dir hin hast Du ihn geschaffen, und ruhelos ist unser Herz, bis es Ruhe findet in Dir"

Unsere Bestimmung ist der Himmel. Und unsere Sehnsucht ist nach Jesus. Denn der regiert das Königreich der Himmel als hoher Herrscher desselben. Jesus ist die Sehnsucht eines jeden Menschen. Er ist aber insbesondere auch die Sehnsucht aller Gläubigen. Denn sie sind ein Geist mit ihm. "Und der Geist und die Braut sagen: Komm! Und wer es hört, spreche: Komm! Und wen da dürstet, der komme; wer da will, nehme das Wasser des Lebens umsonst" (Off 22:17).

Das Geheimnis unserer Kraft

Sie gehen von Kraft zu Kraft; sie erscheinen vor Gott in Zion.

Ps 84:7

Der zweite Teil des Psalms (Verse 5-8) beginnt mit der Seligpreisung des Gläubigen. Denn sein Leben verläuft in von Gott geordneten Bahnen. Das bedeutet nicht, dass nicht auch er mit Leid im Tränental dieser Welt konfrontiert wird. Aber er gräbt in diesem Tal Quellen und macht aus der Not eine Tugend. So geht er von Kraft zu Kraft, die Gott ihm gibt. Bis er dann vor Gott auf dem Berg Zion in Jerusalem erscheint. Denn Gott ist ein Gott, der Gebete erhört.

Es sind die Prüfungen des Lebens, die unseren Glauben wachsen lassen. Es sind die leidvollen Erfahrungen des Lebens, die uns Gott ganz neu erfahren lassen. Es sind die Zeiten des Gebets, die uns die Fenster des Himmels öffnen. Wohl kaum ein nachhaltiger Segen wurde nicht ohne größere Schmerzen geboren. Die Heiligen Gottes sind Menschen, die aus der Not eine Tugend machen. Sie gehen durch das Tränental und machen es betend zu einem Ort der Quellen.

Isaak war ein solcher Brunnenbauer. Der Patriarch hatte ein Problem. Oder besser gesagt, seine Frau. Denn die war unfruchtbar (1.Mo 25:21). Also bat Isaak für seine Frau und der Herr erhörte ihn. Über Bitten und Verstehen. Denn zur Welt kam nicht *ein* Sohn, sondern direkt *zwei*: Esau und Jakob. Als diese im Mutterleib rangelten, bat Rebekka um Weisheit und erhielt eine Weissagung. Das Ehepaar machte den Mangel beständig zu einem Gebet und erhielt den Segen dafür.

„Wenn das Leben dir Zitronen darreicht, dann mach Zitronenlimonade daraus". Was die Welt so leicht daher sagt, wird von den Leidgeprüften täglich gelebt. Wir begreifen nur sehr schwer, dass unsere *Verlegenheiten* Gottes *Gelegenheiten* sind. Wir heulen uns die Augen aus dem Kopf, ohne dabei zu bedenken, dass die Tränen, die dann fließen, ein Segen sind. Denn mit jeder Prüfung schenkt Gott auch die Gnade, diese auszuhalten.

Die Seerosen sind wunderschöne Blumen. Sie zieren das modrige, stehende Wasser vieler Teiche. Sie sind aber nicht nur schön, sondern auch nützlich. Denn sie bilden neben der feinen weißen oder rosa Blüte auch große grüne Blätter aus. Diese sind im Boden des Teiches verankert. Sie geben so manchem Frosch die Möglichkeit, den Teich zu überqueren, ohne dabei nasse Füße zu bekommen. Sie gehen von Blatt zu Blatt, so wie wir von Kraft zu Kraft gehen.

Joni Eareckson Tada, geboren im Jahr 1949 in Baltimore, USA, ist eine US-amerikanische Autorin und Künstlerin. Am 30. Juli 1967 zog sie sich, mit 18 Jahren, bei einem Badeunfall in der Chesapeake Bay einen Halswirbelbruch zwischen dem 4. und dem 5. Halswirbel zu. Seit diesem Tag ist sie Tetraplegikerin und ohne Aussicht auf Heilung. Sie ist Autorin von 35 Büchern, darunter ihre Autobiografie Joni, von der in 40 Sprachen über drei Millionen Exemplare verkauft wurden.

Du und ich sollten unsere Haltungen zu Schwierigkeiten überdenken. Denn der Weg zum Himmel ist nicht immer mit Rosenblüten ausgelegt. Der Anstieg zur Höhe der Heimat geht durch Hitze der Anfechtung und Geröll von Widerständen. Aber wie reagieren wir darauf? Unser Reflex sollte Gebet sein. Denn Gott öffnet die Quellen der Höhe für jeden, den dürstet. Der Herr kräftigt jeden, der seine Knie vor ihm beugt. Und sei es nur aus Schwachheit. Wir aber gehen von Kraft zu Kraft.

Der Vorzug des Glaubens

Denn ein Tag in deinen Vorhöfen ist besser als sonst tausend.

Ps 84:10

Wer glaubt, hat es besser. Diesen Vorzug beschreibt der dritte Teil des Psalms in den Versen 9-12. Lieber wollte der Schreiber einen Tag in den Vorhöfen des Tempels verbringen als sonst tausend anderswo. Er wusste um die Großzügigkeit Gottes, der seinen Dienern kein Gutes vorenthält. Er fühlte sich wohl in der Sonne Gottes, die im Tempel besonders warm schien. Er wusste sich bewahrt durch den Schild des Allmächtigen, der alle die schützte, die sich in seiner Nähe aufhielten.

Glaubende Menschen sind bevorzugte Menschen. Sie verfügen über Möglichkeiten, von denen andere nur träumen. Zum Beispiel die des Gebets. Sie können alles zu jederzeit mit einem geduldigen Zuhörer besprechen. Aber dann auch die des Schutzes. Sie sind Botschafter eines Landes, das über alle Möglichkeiten der Rettung verfügt. Dann aber auch den Vorzug der großzügigen Versorgung. Denn ihr Gott lässt sich nicht lumpen. Die Menge der Privilegien der Gläubigen ist tatsächlich groß.

„Gottes Schlimmstes ist besser als das Beste des Teufels.", soll der Prediger Charles Haddon Spurgeon einmal gesagt haben. Die Angebote des Widersachers sind zwar reizend, aber sie sind schlecht. Die Offerten Gottes hingegen sind nachhaltig gut, aber im ersten Moment auch fordernd. Trotzdem möchte ich keinen Tag an der Sonne Gottes tauschen, gegen tausend, die ich in der Finsternis der Verlorenheit gefroren habe.

Eine amerikanische Studie aus dem Jahr 1988 belegt den positiven Effekt von Fürbitte auf den Heilungsverlauf bei Herzinfarktpatienten. Im Laufe von zehn Monaten wurden 393 Patienten, die in die Intensivstation eingeliefert wurden, nach Unterzeichnung einer Einverständniserklärung randomisiert einer Fürbittengruppe (192 Patienten) oder einer Kontrollgruppe (201 Patienten) zugeteilt. Die Fürbittengruppe zeigte deutlich bessere Heilungsverläufe als die Kontrollgruppe.

In meinem eigenen Empfinden nehme ich eine zunehmende Abneigung gegen diejenigen Dinge wahr, die mir früher Freude bereitet haben. Ich schaue mir, beispielsweise, mit abnehmender Begeisterung die Nachrichten an. Ich verspüre selten noch Lust danach, in geselliger Runde problematische Themen zu diskutieren. Mir liegt kaum noch etwas daran, im Beruf besser zu sein als andere. Ich habe den Geschmack verloren, an den flüchtigen Genüssen dieser Welt.

Ich freue mich hingegen über die täglichen Gnadenerweise Gottes. Ich bin dankbar für jeden Tag, den ich arbeiten darf, ohne dabei Rückenschmerzen erdulden zu müssen. Ich spüre, wie der HERR mir meine Kornkammern reichlich füllt, wenn ich an seinem Wort arbeite. Ich freue mich über die Dankbarkeit und Anerkennung, die mir Geschwister und Kunden erweisen. Ich spüre, wie der Herr mir kein Gutes vorenthält, auch wenn mein Leben monoton verläuft.

Mein größtes Privileg aber ist es, dass ich gerettet bin. Ich weiß, dass ich in Kürze im Himmel sein werde. Meine Sehnsucht gilt diesem Ort. Solange ich aber durch dieses Tränental wandere, gehe ich von Kraft zu Kraft. Mein Geist und Körper regenerieren sich von Tag zu Tag. Ich spüre, dass meine Gebete Quellen für mich und andere öffnen. So gesehen, war es die beste Entscheidung meines Lebens, dieses im Glauben an Jesus Christus zu führen. Denn ein Tag mit ihm ist besser als sonst tausend.

Wie uns die Alten sangen

Psalm 71

Wir haben unsere Alten gut untergebracht: in Alten- und Pflegeheimen. Da fehlt es ihnen an nichts. „Sauber, trocken und satt" sollen sie sein. Und wir können endlich tun, was wir wollen. Aber mit den Alten haben wir auch deren Erfahrung „weggesperrt". So wie wir Geld in den Tresor legen, damit es uns bloß keiner stiehlt. Wer aber soll uns die Geschichten erzählen, die uns nur die Alten im Glauben erzählen können?

Mit dem Zerfall der Großfamilien sind den Kindern und Enkelkindern die Lebenserfahrungen der Alten verloren gegangen. Und mit dem Abfall im Glauben sind den Kindern und Enkelkindern auch die Erfahrungen mit Gott abhandengekommen. Die Mischung dieser beiden giftigen Dynamiken lassen eine orientierungslose Generation zurück. Denn niemand erzählt ihnen mehr, was Gott in Krisenzeiten bewirken kann.

Der Psalm 71 ist ein Lehrpsalm. Wir finden ihn im 2. Psalmbuch. Wir wissen nicht, von wem er geschrieben wurde. Auf jeden Fall war der Verfasser ein gottesfürchtiger Mensch mit einer gewissen Lebenserfahrung. Er kannte den Gott Israels von Kindesbeinen an (6) und bat darum, dass dieser auch in der Zeit des Alters bei ihm bliebe (9). Er wollte ein Zeuge für die kommenden Generationen Gottes sein (15). Er weiß ein Lied zu singen von den Rettungen Gottes.

Wie uns die Alten sangen

Wer im Glauben alt geworden ist…

…der weiß ein Lied zu singen…

…von den Rettungen des Herrn.

Wer im Glauben alt geworden ist…

Verwirf mich nicht zur Zeit des Alters; beim Schwinden meiner Kraft verlass mich nicht!

Ps 71:9

Wer im Glauben alt geworden ist, weiß ein Lied zu singen von den Rettungen des Herrn. So auch der uns unbekannte Autor des 71. Psalms. Seine Gedanken sind über 3000 Jahre alt. Doch sie klingen für den alten Jünger Jesu so vertraut, als ob es die Eigenen wären. Der Psalmist beschreibt den universellen Kampf um das geistliche Überleben und findet dabei tröstlich-hoffnungsvolle Worte.

Menschen Gottes werden im Glauben alt. Sie kennen den Herrn von ihrer Jugend an. Sie gehen mit ihm viele Jahre und Jahrzehnte durchs Leben. Sie „leben und weben" in Gott (Apg. 17:28), wie die Spinne in ihrem Netz. Gott ist ihnen vertraut und sie sind Gott bekannt. Manche von ihnen hatten nie einen Zweifel daran, dass Gott existiert, andere sind durch schwere Kämpfe zu ihm durchgedrungen.

Für viele von ihnen ist das Alter eine besondere Erfahrung. Sie spüren dann, wie die Kräfte nachlassen. Nicht nur die Körperlichen, sondern auch die Seelischen. Man braucht länger, um über einen Streit hinwegzukommen. Nicht nur die Haut des Körpers wird dünner, sondern auch das „dicke Fell", das man braucht, um Konflikte durchzustehen. Alles wird weniger und auch der Gläubige spürt das.

Wer nun glaubt, dass Gott seinen alternden Kindern eine Sonderbehandlung zukommen lässt, der irrt. Die Prüfungen des Glaubens sind anders, aber nicht leichter. Die Feinde sind oft innerer Natur, aber nicht weniger grausam. Die Schlaflosigkeit in der Nacht, der Zweifel am Heil, die Vergesslichkeit, der Schmerz erfahrener Verletzung sind Wunden, die klaffen. Der Feind streut zudem noch das Salz der Einsamkeit in dieselben.

Es scheint so, als ob der Herr seine Leute auf das Alter hin ein Leben lang vorbereitet. In dieser Zeit lebt der Mensch Gottes von den Erfahrungen, die er mit Gott gemacht hat. Er zehrt von den „Fettreserven", die er im Laufe der Jahre aufgebaut hat. Alle seine Erfahrung ist gefragt, aber noch mehr seine Fähigkeit, zu glauben. Vor allem zu glauben, dass Gott auch im späten Herbst des Lebens retten und erhalten kann.

Ich durfte einige alte Geschwister am Anfang meines Weges kennenlernen. Ihre Gesichter spiegelten Herrlichkeit, ihr graues Haar Würde. Da war, z. B., Onkel Paul, der mir immer wieder berichtete, wie Gott ihn im Krieg bewahrt hatte. Er war einer von vielen älteren Menschen, die Gott mir gab, um Vertrauen zu fassen. Seine Erzählungen füllten das „Skelett des Wortes" mit dem „Fleisch der Erfahrungen", die er im Glauben an den Herrn gemacht hatte.

Gott verwirft seine alten Diener und Dienerinnen nicht. Er erhält sie. Er verleiht ihnen eine besondere Würde. Er verleiht ihnen auch eine besondere Kraft. Er tut dies um ihretwillen, aber er tut dies auch um unseretwillen. Er hat sie dazu gesetzt, uns mit Rat und Tat zu unterstützen. Sie nicht zu hören, wäre dumm. Sie nicht zu wollen, wäre vermessen. Sie brauchen uns und wir brauchen sie. Deswegen lässt Gott Menschen alt werden.

… der weiß ein Lied zu singen…

Auf dich habe ich mich gestützt von Mutterschoße an, aus meiner Mutter Leibe zogest du mich hervor; von dir ist stets mein Lobgesang.

Ps 71:6

Wer im Glauben alt geworden ist, weiß ein Lied zu singen von den Rettungen des Herrn. Deshalb hören wir den Psalmisten beten: „Und auch bis zum Alter und bis zum Greisentum verlass mich nicht, o Gott, bis ich verkünde deinen Arm dem künftigen Geschlecht, allen, die da kommen werden, deine Macht" (Ps 71:18)**.** Er wusste, dass er zum Zeugen der Taten Gottes berufen war.

Wenn Gläubige alt werden, dann haben sie viel zu erzählen. Ein langes Leben gibt eben mehr Raum für Erfahrungen mit Gott, als ein kurzes. Ungleich größer ist der Erfahrungsschatz der Alten als der Jungen. Ungleich tiefer aber auch ist die Intensität mit der die Alten den Herrn, z. B., in den Jahren des Krieges und in den Wechselfällen des Lebens erlebt haben.

Das ist der Grund, warum ich gerne mit alten Menschen zusammen bin. Ich höre ihnen gerne zu, wenn sie davon sprechen, wie sie Gott erfahren haben. Nicht selten treten Tränen aus ihren Augen, wenn sie über das Eingreifen des Lebendigen in schier aussichtslosen Situationen berichten. Mit dem Liederdichter können sie sagen: „In wie viel Not hat nicht der gnädige Gott über dir Flügel gebreitet." („Lobet den Herren", Joachim Neander, 1650 – 1680, 30 Jahre)

Ich hatte Onkel Paul im Krankenhaus kennengelernt. Nach seiner Entlassung entwickelte sich eine Freundschaft zwischen ihm und mir. Er war über 50 Jahre älter als ich. Jeden Mittwochnachmittag besuchte ich ihn. Dann erzählte er mir ausführlich, wie der Herr ihn in Kriegs- und Nachkriegszeiten aus Hunger und Not gerettet hatte. Nie habe er beispielsweise auf einen Menschen schießen müssen. Ich klebte an seinen Lippen.

Manche könnten Bücher über ihre Erfahrungen schreiben. Andere packen ihre Erlebnisse in Reimform. Wie Tante Edith. So lang waren ihre Gedichte, die sie als Mutter von 11 Kindern verfasst hatte, dass man sie anlässlich eines Vortrags derselben auf einer Hochzeit unterbrach und sie von der Bühne holte, weil sie einfach so viel zu erzählen hatte.

Sie wusste nicht nur *ein* Lied von der Gnade Gottes zu singen, sondern *viele*.

Mit den Alten ist es wie mit den Predigern. Wenn sie in die Mühlen des Leides kommen, dann geben sie Öl. Die Lieder Paul Gerhardts trösten uns noch heute. Aber sie entstanden aus den Wirren des 30-jährigen Krieges heraus, in denen der Theologe 5 seiner 6 Kinder und dazu seine Frau verlor. Wie vielen Generationen nach ihm allerdings der Stabreim „Befiehl Du Deine Wege" Trost in schwerem Leid schuf, ist unermesslich.

„Wie uns die Alten sangen", heißt es in dem Lied „Es ist ein Ros' entsprungen". Die Lieder unserer Vorfahren geben uns Trost in schweren Stunden. Ja noch mehr, sie haben uns individuelle und kollektive Identität gestiftet. Warum sonst sollten einer 30-Jährigen die Tränen kommen, wenn Herbert Grönemeyer „Der Mond ist aufgegangen" in der Schalke – Arena intoniert. Die Lieder der Alten, ihre Gedichte und Bücher geben uns den Halt, den wir brauchen.

…von den Rettungen des Herrn

In deiner Gerechtigkeit befreie mich und errette mich! Neige
dein Ohr zu mir und schaffe mir Rettung!

Ps 71:2

Wer im Glauben alt geworden ist, weiß ein Lied zu singen von den Rettungen des Herrn. So wie der Dichter des
71. Psalms. Sein großes Thema ist die Errettung Gottes von
einem übermächtigen Feind, den er aber nicht genauer de-
finiert. Wir hören ihn beten: „In deiner Gerechtigkeit befreie
mich und *errette* mich! Neige dein Ohr zu mir und schaffe
mir *Rettung*" (Ps 71:2). Die Rettung Gottes ist sein Thema.

Als ein junger Bruder einmal in der Gemeinde eine Be-
gebenheit schilderte, in der der Herr ihm geholfen hatte, da
neigte der alte Heinz Hassinger seinen Kopf und flüsterte
seinem Nachbarn ins Ohr: „Von diesen Geschichten könnte
ich dir Tausende erzählen." Mit dem Psalmisten konnte er
sagen: „Mein Mund soll erzählen deine Gerechtigkeit, den
ganzen Tag deine Rettung; denn ich weiß sie nicht zu
zählen" (Ps 71:15).

Die Schrift unterscheidet die *eine* Errettung zum ewigen Leben von den *vielen* Rettungen in der Zeit unseres Erdenlebens. Immer wieder greift Gott, auch oftmals ohne vorangegangenes Gebet des Gläubigen, in das Leben desselben ein, um ihn aus einer Gefahr oder einem Notstand zu erretten. Daniel erfuhr dies, beispielsweise, in der Löwengrube und Petrus, als er von einem Engel aus dem Gefängnis geführt wurde.

Onkel Paul hingegen erhielt von seinem Hauptmann den Befehl, einen 16-jährigen Russen zu erschießen, der ihnen auf dem Feldzug über den Weg lief. Als er sich weigerte, dies zu tun, tat es der Hauptmann selbst. Die ersten Blutstropfen waren noch nicht im Schnee versunken, da strömten aus den umliegenden Birkenhainen russische Soldaten hervor und töteten die gesamte Kompanie. Bis auf Onkel Paul, den ließen sie laufen.

Die Schrift unterscheidet aber nicht nur die ewige von der zeitlichen Errettung, sondern auch die Rettung vor *äußeren* und *inneren* Feinden. Wie sonst sollte man das Wort des Apostels aus dem „Tränenbrief" verstehen: „allenthalben waren wir bedrängt; von außen Kämpfe, von innen Befürchtungen" (2.Kor 7:5). Krankheit, Streit und Armut mögen schlimme äußere Feinde sein, aber Sorge, Angst und Bitterkeit stehen ihnen in nichts nach.

„Der Erhalter aller Menschen", wie Paulus Gott in 1.Tim 4:10 nennt, rettet uns nicht nur aus Geldsorgen, Intrigen und Nachbarschaftsstreitigkeiten, sondern auch aus den Bedrängnissen des Feindes auf dem Kriegsschauplatz unseres Herzens. Dann, wenn uns Befürchtungen über die Gesundheit, das Wohlergehen der Kinder oder Gemeindeprobleme den Schlaf rauben. Gott schafft uns Rettung aus all diesen Problemen.

Wer im Glauben alt geworden ist, weiß ein Lied zu singen von den Rettungen des Herrn. So ist es ein Vorrecht, ältere Geschwister kennen zu dürfen. Und es ist deren Pflicht, den jüngeren unter uns ihre Geschichten mit Gott zu erzählen. Denn wer von uns will etwa nicht wissen, wie Gott das denn gemacht hat. Die vielen Tausend Rettungen Gottes ermutigen uns, Vertrauen in ihn zu fassen. So, wie uns die Alten sangen.

Das Ende der Bedeutungslosigkeit

Psalm 91

In der Seitentür meines Dienstautos befindet sich ein Regenschirm. Der ist mir immer dann nützlich, wenn das Siegerland sich von seiner besten, nämlich verregneten, Seite zeigt. Dann benutze ich den Schirm und biete ihn auch den Auszubildenden an, die mich begleiten. Manche machen von dem Angebot Gebrauch, manche lehnen es auch dankend ab. Die einen werden nass, die anderen bleiben trocken. Aber nützlich ist mir persönlich der „Knirps" immer.

Eine Wahrheit, die der Mensch sich nur sehr schwer eingesteht, ist die, dass er Schutz braucht. Wir sind tollkühne Reiter im Sturm des Lebens. Wir trotzen den Widrigkeiten desselben mit einer geradezu pubertären Verwegenheit. Wir verlassen das Haus der Geborgenheit barfüßig und bekommen nasse Füße. Dies ist dann die Stunde Gottes. Denn der lässt uns nicht im Regen stehen. Die einen nehmen sein Angebot an, die anderen lehnen es dankend ab.

Der Ps. 91 spricht von dem „Schirm des Höchsten". Der Natur nach ist er ein Lehrpsalm, geschrieben von einem Menschen, der seine Erfahrungen mit Gott gemacht hat. Er wirbt um das Herz derer, die ihm zuhören. Er möchte, dass sein Gott ihr Gott wird. Er malt die Rettungen Gottes in den buntesten Farben. Er singt das Lied derselben wie eine feierliche Hymne. Er enthebt den Menschen seiner fatalen Bedeutungslosigkeit.

Das Ende der Bedeutungslosigkeit

Gott bedeutet mir etwas

Ich bedeute Gott etwas

Was Gott dir bedeuten könnte

Gott bedeutet mir etwas

Ich sage von dem Herrn: Meine Zuflucht und meine Burg;
mein Gott, auf ihn will ich vertrauen.

Ps 91:2

Gott bedeutet dem Psalmisten etwas. Der Dichter spricht seinem Gott hier unverhohlen das Vertrauen aus. Er bezeichnet ihn als „Zuflucht", „Burg" und „Gott". Ein dreifaches Lob prangt im Portal seiner Dichtkunst. Der unbekannte Poet gibt Zeugnis davon, wie er Gott erlebt hat. Nämlich sichernd, schützend und bestimmend. Gott ist die große Unbekannte, die sein Leben nachhaltig geprägt hat.

Ich persönlich kann mich ihm da nur anschließen. Ich habe Gott im Jahre 1988 mein Leben übereignet. Damals war es eher ein Akt der Verzweiflung. Ich überließ dem „großen Töpfer" den Scherbenhaufen meines Lebens. Ich sollte dies nicht bereuen. Heute ist mir Gott, schlicht und ergreifend, alles. Vor allem aber schätze ich seine Fürsorge und seinen Schutz in meinem Leben. Immer wenn ich bedrängt werde, rettet er mich. Er ist meine Zuflucht, wenn ich von Gedanken verfolgt werde, und er ist meine Burg, wenn Menschen mir nachsetzen.

Ich wüsste, gleich wie Petrus, keine Alternative zu Gott. Als der Apostel von Jesus gefragt wurde, ob er ihn nicht verlassen wollte, antwortete der Jünger dem Meister: „Herr, zu wem sollen wir gehen? Du hast Worte ewigen Lebens; und wir haben geglaubt und erkannt, dass du der Heilige Gottes bist." (Joh 6:68-69). Nein, wer einmal den Schutz Gottes erfahren hat, der wird bei der Glut der Schwierigkeiten in seinem Schatten bleiben.

Ich bin schutzbedürftig. Ich bin zu schwach, um mich gegen die Starken durchzusetzen. Ich bin zu dumm, um die Listen der Intelligenten zu durchschauen. Ich bin zu naiv, um die Gefahren des Lebens realistisch abzuschätzen. Ich mache dieses Eingeständnis bewusst offen. Ich möchte mit gutem Beispiel vorangehen, wenn es um das Eingeständnis der menschlichen Bedürftigkeit geht. Nein, ich bin kein Held, sondern ein Schwächling und ein Feigling.

Die Stadt Bremen wurde im Jahre 778 gegründet. Flüchtende Seefahrer beobachteten damals eine Gluckhenne. Die suchte im Heidekraut Schutz vor der Nacht für sich und ihre Küken. Die Seefahrer gingen an Land, weil sie dies für einen sicheren Platz hielten. Danach begannen sie genau diesen Landstrich zu besiedeln. So entstand die Stadt

Bremen. Zum Gedenken an die Gluckhennen befindet sich noch heute ein Bild im Ornament des Bremer Rathauses.

Der überzeugte Protestant und Komponist Johann Sebastian Bach gab seinem Vertrauen in den Schutz Gottes mit folgenden Worten Ausdruck: „Unter deinem Schirmen / bin ich vor den Stürmen / aller Feinde frei. / Lass den Satan wittern, / lass den Feind erbittern, mir steht Jesus bei! / Ob es itzt gleich kracht und blitzt, / ob gleich Sünd und Hölle schrecken; / Jesus will mich decken." (aus der Motette „Jesu, meine Freude", J.S. Bach 1685-1750, 65 Jahre)

Gott bedeutet mir etwas. Der unbekannte Gott ist mein Gott. Er ist meine Zuflucht und meine Burg. Zu ihm laufe ich, wenn mich Menschen oder Gedanken verfolgen. Bei ihm finde ich Schutz. So wie die Küken unter den Flügeln der Gluckhenne Schutz finden. Ich wüsste keinen anderen Ort, an dem ich sicherer wäre als bei Gott. Insofern bin ich ohne Alternativen. Ich denke, es war eine gute Entscheidung, Gott mein Leben zu überlassen.

Ich bedeute Gott etwas

"Weil er Wonne an mir hat, will ich ihn erretten; ich will ihn in Sicherheit setzen, weil er meinen Namen kennt."

Ps. 91:14

Der Schreiber des Psalms bedeutet Gott etwas. Der Herr ist willig, ihn zu erretten. Gleich zweimal versichert ihm der Höchste und Allmächtige dies. Das doppelte „ich will" in diesem Vers markiert das deutlich. Der Grund für diese Willigkeit liegt in dem Vertrauen des Glaubenden. Denn der klammert fest an seinem Gott. Er hängt an ihm. Er hat seine Wonne an ihm. Dieses Vertrauen nun will Gott nicht enttäuschen.

Wenn schon alttestamentliche Gläubige sich der Zuneigung Gottes so sicher sein durften, wie viel mehr dann wir Neutestamentliche! Denn in Christus Jesus sind alle Verheißungen Gottes Ja und Amen geworden, versichert uns Paulus in 2 Kor. 1:20. Wir dürfen uns also sicher sein, dass wir Gott etwas bedeuten. Schließlich hat er doch seinen eigenen Sohn nicht geschont, um uns eben das zu versichern. Er gab das ihm Bedeutendste, um uns ewige Bedeutung zuzumessen.

Der Wert eines Gegenstands liegt im Ermessen dessen, der ihn erwirbt. Wusstest du, dass die „Blaue Mauritius", zum Beispiel, in Wirklichkeit ein Fehldruck war? Und doch gilt sie als eine der teuersten Briefmarken der Welt. Mittlerweile bezahlen Liebhaber bis zu 1 Millionen Euro für das kleine Stück Papier, das am 21. September 1984 zu Ehren der englischen Königin Viktoria herausgegeben wurde. Man sagt, dass nur noch 12 Exemplare des Drucks existieren.

Wir Gläubige denken zu sehr über uns selbst nach. Vielmehr sollten wir uns darüber bewusstwerden, was wir für Gott bedeuten. Wir sind kostbar und teuer in seinen Augen. So jedenfalls sagt es uns der Prophet Jesaja in Jes. 43:4. Wir haben IHM mit einem unserer Hilfe suchenden Blicken das Herz geraubt. So jedenfalls bringt es Salomon allegorisch im Hohelied 4:9 zum Ausdruck. Gott kann sich unserem Vertrauen nicht wirklich entziehen, weil er ein Retter – Gott ist.

Wir kennen den Namen, in dem Rettung ist. „Du sollst seinen Namen Jesus heißen; denn er wird sein Volk erretten von ihren Sünden" (Mt 1:21). Wir kennen das Passwort, das uns die Tore zu den Schatzkammern des Himmels öffnet: Jesus (Kol. 2:3). Wir kennen den Namen, den jeder Mensch anrufen muss, um errettet zu werden: Jesus (Apg. 4:12). Auf diesen Namen reagiert Gott empfindlich. Wenn du ihn erwähnst, regt sich seine rettende Barmherzigkeit.

Paulus erklärt einmal seine Hoffnung auf diesen rettenden Gott mit folgenden Worten. "Für dieses arbeiten wir und werden geschmäht, weil wir auf einen lebendigen Gott hoffen, der ein Erhalter (gr. "soter", was so viel wie "Retter" bedeutet) aller Menschen ist, besonders der Gläubigen" (1.Tim 4:10). Hier wird klar, dass uns Gott nicht nur aus der ewigen Verdammnis, sondern auch aus der zeitlichen Bedrängnis retten will und retten kann.

Warum glaubst du, dass dein Gott nicht weiß, wie es dir geht? Warum glaubst du, dass du ihm nichts bedeutest? Warum glaubst du, dass er an deinen Gebeten achtlos vorübergeht? Du bist Gott nicht egal. Ganz im Gegenteil: du bist kostbar in seinen Augen. Du darfst deinen Wert abhängig machen von dem Preis, den Gott für dich bezahlt hat. Weil dieser hoch war, wird er dich nicht preisgeben. Jetzt nicht und auch dann nicht, wenn du deine Augen auf dieser Erde schließt.

Was Gott dir bedeuten könnte

Weil du den Herrn, meine Zuflucht, den Höchsten, gesetzt

hast zu deiner Wohnung,

Ps 91:9

Der Psalm 91 ist ein Lehrpsalm. Ein mit Gott alt gewordener Gläubiger lehrt die jungen, die nach ihm kommen. Aus dem „ich" des Bezeugenden wird allmählich das „du" des Werbenden. Der Psalmist stellt seinem Zuhörer dann alle Vorzüge eines Lebens im Schutz Gottes vor. Die Errettung aus Gefahr ist dabei ein zentrales Thema. Sie macht den Unterschied zwischen einem Leben auf eigene Faust und einem Leben im Schutz Gottes aus.

Bis heute wirbt der Glaube um das Vertrauen derer, die ohne Gott in der Welt sind. Nicht so sehr, um Quote zu machen, sondern vielmehr, um Sicherheit zu gewähren. Mehr denn je brauchen wir eine Zuflucht in den Unwägbarkeiten des Lebens. Es ist die Zeit der Kriege, der Teuerung, der Seuchen und die Zeit des Zerfalls. Es ist somit auch die Zeit, wo wir wieder darüber nachdenken sollten, was uns Schutz und Sicherheit gibt.

Irgendwann muss mein Gott dein Gott werden. Irgendwann muss der Retter im Herrgottswinkel der Stube, der König deines Herzens werden. Irgendwann müssen die absoluten Wahrheiten der Schrift, deine persönlichen Überzeugungen werden. Ansonsten wirst du keinen Nutzen von ihnen haben. Aus all diesen Gründen glauben wir an die Notwendigkeit einer persönlichen Bekehrung. Wenn das Kind in der Krippe nicht in dein Herz geboren wird, so wird es dir nicht nützen.

Ein alter russischer Bruder gab einmal eine sehr anschauliche Erklärung zu Heb 4:2 ab. Dort heißt es: „Denn auch uns ist eine gute Botschaft verkündigt worden, gleichwie auch jenen (Israeliten); aber das Wort der Verkündigung nützte jenen nicht, weil es bei denen, die es hörten, nicht mit dem Glauben vermischt war." Der alte Bruder erklärte: „Es wird dir das Stück Zucker auf der Untertasse deines Kaffees nichts nutzen, wenn du nicht den Teelöffel nimmst und das süße Viereck unter den Kaffee rührst. Dein Kaffee wird bitter bleiben."

Dein Leben wird bitter bleiben, wenn du nicht den Retter der Menschheit in dein Herz lässt. Die Angst wird dich beherrschen, wenn du den Schutz Gottes nicht in Anspruch nimmst. Du wirst in jede Falle des Lebens tappen, wenn deine Schritte nicht von dem Höchsten geleitet werden. Du wirst innerlich das Schicksal all derer teilen, die du scheitern siehst, wenn du nicht weißt, dass Gott über deinem Leben wacht. Die Empirie wird dich erdrücken, weil sie übermächtig ist.

Das letzte Ausbildungsjahr in der Krankenpflege war für uns alle sehr belastend. Wir wurden zu Praktika in die kritischen Abteilungen der Kliniken geschickt. Wir sahen entstellte Menschen, die bald sterben würden. Auch verfügten wir über das nötige Wissen, dies zu interpretieren. Nicht wenige von uns meinten damals, Hoden- oder Brustkrebs zu haben oder von irgendeinem schlimmen Virus befallen zu sein. Tausende fielen an unserer Seite und wir fielen mit ihnen.

In dieser Zeit überließ ich Gott mein Leben. Seitdem bedeutet mir Gott etwas. Aber mehr noch: Mir ist bewusst geworden, dass ich Gott etwas bedeute. Ich bin nicht ein bedeutungsloser Mensch in einem bedeutungslosen Leben. Seit 35 Jahren erfahre ich die persönlichen Rettungen meines persönlichen Gottes. Das macht mich ruhig und gelassen. Diese Erfahrung wünsche ich auch dir. Ich hoffe, dich unter dem Schirm des Höchsten zu treffen.

Die Gottesdemenz

Psalm 103

Der Film „Honig im Kopf" ist eine deutsche Tragikomödie von Til Schweiger aus dem Jahr 2014. Er erzählt die zunehmende Demenz des ehemaligen Tierarztes Amandus Rosenbach. Der Film ist nach seiner Uraufführung im Jahre 2014 Kult geworden. Die süß – saure Verarbeitung einer Volkskrankheit wurde zu einer Pflichtveranstaltung für viele Pflegende und Angehörige von Demenz – Kranken. Denn die nationale Vergesslichkeit ist mittlerweile zu einem Schreckgespenst für die Industrienationen geworden.

Überflüssig zu sagen, dass auch Gläubige von dieser Krankheit ereilt werden können. Wichtig jedoch zu erwähnen, dass auch das geistliche Leben so etwas wie ein „Vergessen" kennt. Dann nämlich, wenn ein Gläubiger seinen Gott vergisst. Oder dann, wenn eine Nation, den christlichen Glauben verlässt. Man könnte dieses Phänomen „Die Gottesdemenz" nennen. Man erkennt es zum Beispiel an dem Symptom jährlich steigender Austrittszahlen der Kirchen.

Der Psalm 103 nun ist ein Psalm gegen das Vergessen. Wohl kaum ein Lied Davids ist so oft vertont worden, wie dieses. Der „liederdichtende Schlachtenkönig" Israels rühmt darin sowohl die Wohltaten Gottes, als auch dessen Wesen. Er fordert zum Lob dessen auf, der unter den Lobgesängen seines Volkes wohnt (Ps. 22:3). Er stellt die großherzige Vaterliebe Gottes wie kaum ein anderes Dokument des AT vor unser Auge. Er warnt uns vor der „Gottes – Demenz".

Die „Gottesdemenz"

Warum ich Gott nicht vergessen sollte.

Warum Gott mich nicht vergisst.

Warum Gott meine Sünden vergisst.

Warum ich Gott nicht vergessen sollte

Preise den Herrn, meine Seele, und vergiss nicht alle seine

Wohltaten!

Ps. 103:2

Der Psalm beginnt und endet mit der Aufforderung zum Lob. Der Geist des Psalmisten fordert die Seele desselben zur Dankbarkeit gegen Gott auf. Es scheint so, als ob David sich dazu disziplinieren möchte. Dies geschieht nicht grundlos. In den Versen 3-5 nennt der Autor dann auch fünf triftige Gründe, Gott zu loben. Er ruft sich die erfahrenen Wohltaten Gottes ins Gedächtnis und findet allen Grund, Gott zu preisen.

Der erste Grund zum Lob ist die Vergebung seiner persönlichen Übertretungen (3), der zweite die Heilung von so mancher Krankheit (3), der dritte die Erlösung aus der Grube (4), der vierte die Krönung mit Güte und Erbarmen (4), der fünfte das Wohlergehen im Alter (5). Der gealterte König fand also manchen guten Grund, seinen Gott zu loben, als er in seiner Erinnerung „kramte".

Das haben wir mit David gemeinsam. Wir haben allen Grund, Gott zu loben. Die Vergebung unserer Sünden, die Genesung von Krankheit, die Bewahrung vor dem höllischen Feuer, die täglichen Gnadenerweise Gottes und auch das Altern in Würde mögen hier genannt werden. Wer sucht, der findet, auch wenn es um Gründe für das Lob Gottes geht. Wer am Ende eines Tages, einer Woche, eines Monats, eines Jahres Inventur hält, wird merken, dass Gott allen Lobes wert ist.

„Undankbarkeit beginnt mit dem Vergessen. Aus Vergessen folgt Gleichgültigkeit, aus der Gleichgültigkeit Unzufriedenheit, aus der Unzufriedenheit Verzweiflung, aus der Verzweiflung der Fluch." Dichtete der deutsche Theologe und Widerstandskämpfer Dietrich Bonhoeffer in der Haft. Nachzulesen in dem Werk „Konspiration und Haft", Werke aus den Jahren 1940 -1945.

Wenn Undank mit dem Vergessen beginnt, dann sollten wir Deutschen uns an unseren Gott erinnern. Denn der hat uns viel Gutes getan. In der Reformation, in der Wiedervereinigung und in der Blüte der Nachkriegszeit. Mittlerweile aber schwören nur noch wenige unserer Spitzenpolitiker auf diesen Gott, wenn sie ins Amt eingeführt werden. Die Nation scheint an einer Art Gottes – Demenz zu leiden. Sie betet nicht mehr vor dem Essen und sie bittet nicht mehr um Vergebung, wenn sie sündigt.

Deshalb ist die Volksseele ängstlich und wankelmütig geworden. Denn wahr ist das alte Pietistensprichwort: „Loben zieht nach oben und danken schützt vor Wanken". Aber wenn es keinen Gott mehr für uns gibt, dann gibt es auch kein Licht mehr für uns. Und wenn wir nicht mehr auf dem Felsen des Glaubens stehen, dann wankt unser Gang im Morast der Unwägbarkeit. Die persönliche und kollektive Befindlichkeit steht und fällt mit unserer Erinnerung an Gott.

Ich weiß nicht, wie es dir geht. Ich selbst vergesse Gott öfters, als es mir recht ist. Ich merke das zuerst an meiner Stimmungslage. In all meiner Zermürbung, Übellaunigkeit und all meinem Missmut fällt mir dann aber auf, dass ich schon länger nicht mehr ausgiebig gedankt habe. Die „Sollseite" meines Glaubenslebens ist dann größer geworden als die „Habenseite". Dann wird mir klar, dass ich Gott aus den Augen verloren habe und undankbar geworden bin.

Warum Gott mich nicht vergisst

*Wie ein Vater sich über die Kinder erbarmt, so erbarmt sich
der Herr über die, welche ihn fürchten.*

Ps 103:13

David beschreibt im mittleren Teil des Psalms die Güte,
mit der Gott seine Kinder behandelt. Er blickt zurück auf
die Barmherzigkeit Gottes in der Erlösung Israels aus der
Knechtschaft Ägyptens. Er bemüht starke Bilder aus der
Natur, um die Bundestreue des Herrn zu beschreiben. Er
greift zu dem stärksten, was ein Mensch denken kann, um
zu beschreiben, dass Gott sein Volk nicht vergisst, nämlich
zu dem Bild der Liebe, die ein Vater zu seinen Kindern hat.

Eine unserer großen Ängste ist die, dass Gott uns vergessen könnte. Auch wenn wir das so nicht laut sagen würden.
Aber in unserer persönlichen Wahrnehmung fühlen wir uns
manchmal von Gott vergessen. So, als ob der Ewige ein se-
niler, freundlicher Herr wäre, der auf seinem Thron einge-
nickt wäre. Das entspricht zwar nicht unserer Theologie,
wohl aber unseren Eindrücken. Wir unterstellen Gott la-
tente Demenz. Auch wenn sich das despektierlich anhört.

In der 17. Strophe seines Liedes „Ich singe dir mit Herz und Mund" wirkt Paul Gerhardt diesem Irrtum über Gott poetisch entgegen: „Er hat noch niemals was versehn / in seinem Regiment, / nein, was er tut und lässt geschehn, / das nimmt ein gutes End." Gott regiert also mit ruhiger Hand diejenigen Dinge, die uns beunruhigen. Mit dem Psalmisten dürfen wir sagen. „Der Herr hat in den Himmeln festgestellt seinen Thron, und sein Reich herrscht über alles" (Ps 103:19).

Vergessen zu werden ist etwas Schlimmes. Kein Kind, das im Krankenhaus liegt, möchte von seinen Eltern vergessen werden. Aber auch wir Erwachsenen halten mitunter darauf, dass man sich an unseren Geburts- oder Hochzeitstag erinnert. Wenn der Arbeitgeber vergäße, das 13. Monatsgehalt zu überweisen, gingen sicherlich alle Arbeitnehmer schnell auf die Barrikaden. Nein, wir wollen nicht vergessen werden von denen, die für uns da sind und für uns sorgen.

Dies war die große Angst Israels im babylonischen Exil. „Der Herr hat mich verlassen, und der Herr hat meiner vergessen," hören wir es sagen. Aber Gott antwortet ihm durch Jesaja: "Könnte auch eine Frau ihres Säuglings vergessen, dass sie sich nicht erbarmte über den Sohn ihres

Leibes? Sollten selbst diese vergessen, ich werde deiner nicht vergessen. Siehe, in meine beiden Handflächen habe ich dich eingezeichnet; deine Mauern sind beständig vor mir" (Jes 49:14-16).

Gott hat dich und mich auf seinem Handzettel. Er hat dich und mich nicht vergessen. Er wird uns nicht versäumen und er wird uns nicht verlassen, garantiert uns der Hebräerbrief. Diejenigen Handflächen, die auf Golgatha von rostigen Nägeln durchbohrt wurden, erinnern ihn an dich und an mich. So wie uns eine PIN – Nummer oder der Kilometerstand, die wir mit Kuli auf die Innenseite der Hand geschrieben haben, an die einzugebenden Daten an der Tankstelle erinnern.

Nicht Gott leidet an Demenz, sondern wir. Wir haben es vergessen, mit wem wir es zu tun haben. Er ist „Der Fels: Vollkommen ist sein Tun; denn alle seine Wege sind recht. Ein Gott der Treue und ohne Trug, gerecht und gerade ist er" (5. Mo 32:4). Wir sollten ihm nichts Ungereimtes unterstellen. Vor allem aber sollten wir nicht unsere Vergesslichkeit zu seiner machen. Denn er liebt uns, wie wir unser eigenes Fleisch und Blut, nämlich unsere Kinder, lieben.

Warum Gott meine Sünden vergisst

Er hat uns nicht getan nach unseren Sünden, und nach unse-
ren Ungerechtigkeiten uns nicht vergolten.

Ps 103:10

David rühmt Gott über der Vergebung der Sünden. Das Handeln des Allwissenden wird nicht bedingt durch die Verirrungen seiner Kinder. Gott steht über den Dingen. So, wie der Himmel über der Erde steht. Er hat die Sünden weit von seinem Volk entfernt. So weit, wie Osten und Westen voneinander entfernt sind. Der gerechte Richter rechtet nicht mehr über Recht und Unrecht mit seinen Auserwählten. Er ist bereit, zu vergeben und vergessen.

Als Neutestamentler wissen wir, dass dieses überaus großherzige Vergessen Gottes eine juristische Grundlage brauchte. Diese legte sein Sohn durch sein Sterben auf Golgatha. Gott ließ dort den Gerechten für die Ungerechten sterben. Er sühnte unsere Sünden auf der Seele seines Lieblings. Dieser war zur Abschaffung der Sünde (Hebr. 9:26) in die Welt gekommen. Als er dieses Werk vollendet hatte, rief er aus: „Es ist vollbracht!" (Joh. 19:30).

Wenn nun Gott unsere Sünden vergisst, sollten wir diese nicht immer wieder hervorkramen. "Lass es genug sein; rede mir fortan nicht mehr von dieser Sache!" lässt uns der Barmherzige über Mose in 5. Mo 3:26 ausrichten. Wer sauber dastehen möchte, sollte sich deshalb nicht im Schlamm seiner Vergangenheit suhlen. Für Gott ist dieses traurige Kapitel abgeschlossen. Wir aber fangen gerne immer wieder davon an.

Stell dir vor, du möchtest einen 100 Meter – Lauf gewinnen. Du hörst den Startschuss, läufst los und kehrst nach 10 Metern wieder zur Startlinie um. Alle anderen wären dann schon 20 Meter weiter als du. Du kannst den Glaubenslauf nicht gewinnen, wenn du immer wieder bei der Sündenvergebung anfängst. Es ehrt dich deine Demut, aber es verklagt dich deine Dummheit. Denn du wirst den Lauf nicht beenden, wenn dir das Ziel der Herrlichkeit nicht vor Augen steht.

Gott nahm uns die Last unserer Sünden ab. Er tat dies, weil wir mit ihr nicht laufen konnten. Der Rucksack der Wackersteine trägt fortan unser himmlischer Vater. „Denn er kennt unser Gebilde, ist eingedenk, dass wir Staub sind" (Ps 103:14). Er weiß, dass der Mensch seine Sünde nicht tragen kann. Deshalb sühnte er sie auf Golgatha. Niemand wird den Himmel stürmen können, wenn der Ballast von Sünde noch seinen Rücken drückt.

Dummes Gerede entsteht oftmals aus Ermangelung klugen Gesprächsstoffes. Und die Demonstration der eigenen Sündhaftigkeit ist nicht selten die Folge fehlender Erfahrungen mit Gott. Wir haben aber keine Zeit, uns mit der Vergangenheit zu beschäftigen, wenn die Zukunft vor uns liegt. Zu schnell verblüht die Blume unseres schönen Lebens, als dass wir sie bewusst in den Schatten finsterer Erfahrung stellen könnten.

Gott ist bereit, unsere Sünden zu vergessen. Sind wir es auch? Seine Güte zeigt sich besonders im Zudecken von Blöße. Er hat dich beileibe nicht vergessen. Wohl aber die Dinge, die nicht gut gelaufen sind. Gott vergisst uns nicht, auch wenn wir ihn leicht vergessen. Nicht er leidet an geistlicher Demenz, sondern wir. Erinnere dich deshalb des Guten, das er dir getan hat. Erinnere dich auch der Güte seines Wesens. Ansonsten wird der „Honig im Kopf" dein Denken vernebeln.

Nachwort

Das Konzert ist vorbei. Das letzte Lied ist gesungen. Es gäbe noch 143 andere in den 5 Büchern der Psalmen. Wenn Du willst, lese sie einfach. Sie seien die Zugabe zu dieser kleinen Auswahl. Du findest sie genau in der Mitte einer Bibel, die ein AT und ein NT enthält. So, als ob sie das Zentrum des Redens Gottes wären. Sie sind Minutenlektüre, die man gut vor dem Schlafen gehen lesen kann. Auch wenn die Sprache manchmal etwas altertümlich klingt.

Diese Lieder gewähren dir Eintritt in das Denken der Dichter. Ebendiese waren in der Regel lebenserfahrene und gottergebene Denker ihrer Zeit. Sie brachten zu Papier, oder besser gesagt, zu Pergament, was sie innerlich erlebten. Dies taten andere, profane Dichter auch. Das Besondere aber an den Psalmen ist, dass ihr Innenleben vor Gott spielt. Dies ist eine Dimension, die man sonst nur selten in der Literatur findet.

Wir lernen mit den Psalmen also auch das Beten. Das meint nicht etwa das auswendig lernen des „Vaterunsers", oder andere fromme Übungen. Vielmehr finden wir, dass Menschen ihr Leben vor Gott ausbreiten. Sie reden mit ihm in großer Echtheit, aber auch in großer Vertrautheit. Sie machen keinen Hehl aus ihrer Enttäuschung über den Menschen. Sie hemmen aber auch nicht ihre unbändige Freude über Gott.

Nichts begehrt die Seele des Suchenden mehr als Echtheit. Er ist gelangweilt von der geschminkten Perfektion der Leichtigkeit des modernen Lebens. Er weiß, dass hinter den schönen leichten Liedern der Ein-Tages-Sternchen der modernen Popkultur mitunter die künstliche Intelligenz der „Big Data" steckt. Und doch sähe er so gerne Menschen, die zu echten Gefühlen, wie Liebe und Hass, Treue und Verachtung und vielem anderen mehr fähig wären.

Nichts begehrt die Seele des Geschundenen mehr als Schönheit. „A thing of beauty is a joy for ever" schrieb der britische Dichter John Keats (1795-1821, 36 Jahre) in seiner Poesie "Endymion". Tatsächlich erfreuen uns die schönen Dinge des Lebens in Zeiten der Verpöbelung von Sprache und Verhalten. So auch die Worte der Psalmen, die in erlesenen Worten und höchster Dichtkunst daherkommen und dabei Abwechslung nicht vermissen lassen.

Es lohnt sich also, die Psalmen zu lesen. Vielleicht ein guter Anfang für denjenigen, der zum ersten Mal die Bibel in die Hand nimmt. In ihnen paaren sich gut durchdachte Theologie mit einem voll entfalteten Seelenleben. Sie lassen es weder an Verstand noch an Gefühl missen. Die Seele der Schreiber atmet die Poesie eher, als dass sie sie niederschreibt. Es ist bedauernswert, dass uns die Melodien dieser Lieder nicht überliefert sind.

So aber bleiben uns die Worte. Gott wird schon seine Gründe dafür haben, dass die Melodien nicht überliefert wurden. Viele der Psalmen wurden allerdings in der Kirchengeschichte vertont. Diese Versionen finden sich dann in den Gesangbüchern der Kirchen und Gemeinden. Wer will, kann sich auch auf You Tube die ein oder andere Neuvertonung zu Gemüte führen. Wichtiger aber ist und bleibt die Auseinandersetzung mit dem geschriebenen Wort.

Siegen, im Dezember 2024

Wenn Menschen uns fordern, dann formt Gott uns. So wie David. Mehr als andere biblische Figuren wird der Vorläufer des Messias als Sonnenkönig im Gefüge von menschlichen Trabanten gesehen. Diese erprobten seinen Mut, seine Treue, seine Liebe, seine Güte, seine Keuschheit, seine Strenge, seine Vergebungsbereitschaft und vieles mehr. Von ihm dürfen wir lernen, unsere Mitmenschen als Chance zur Veränderung zu sehen.

Paperback
90 Seiten
ISBN-13: 9783759777386
Verlag: BoD - Books on Demand
Erscheinungsdatum: 08.08.2024
Preis: 7,70 Euro

Exodus
Der längere Weg
in die Freiheit

Carsten Goersch

Der längere Weg in die Freiheit ist der bessere. Gott jedenfalls führte sein Volk zunächst in die Wüste. Dort lernte Israel sich selbst, aber auch seinen Gott besser kennen. Die Lektion waren gleichermaßen gründlich wie schmerzhaft. Aber was lange währt, wird endlich gut. Damals wie heute.

Paperback
92 Seiten
ISBN-13: 9783759775955
Verlag: BoD - Books on Demand
Erscheinungsdatum: 09.09.2024
Preis: 7,70 Euro

Wer wollte ihn nicht, den Himmel auf Erden? Der aber will erobert werden. Denn auf jedem Glück, das wir begehren, sitzt ein Riese. Schlechte Gewohnheiten, persönliche Süchte, unsere Gene und was sonst genannt werden mag. Und doch ist es möglich, ein glückliches Leben zu führen. In der Kraft des Geistes Gottes. Dieser hilft uns Wege zu finden und Wege zu gehen, die in einem Land enden, in dem Milch und Honig fließt.

Paperback
94 Seiten
ISBN-13: 9783769314861
Verlag: BoD - Books on Demand
Erscheinungsdatum: 20.11.2024
Preis: 7,70 Euro